선동열 야구학

이 책은 방일영문화재단의 지원을 받아 연구·저술되었습니다.

20세기 직감이 21세기 과학과 만났다

선동열 야구학

선동열 지음 | 김식 정리

차 례

Warming up

눈이 아닌 과학으로
야구를 보다

과거의
선동열에게 묻다

"감독님, 아직도 캠프에서 공 3,000개를 던져야 한다고 생각하세요?"

도발적이었다. 17년을 돌고 돌아 내게 온 질문이었다. 어쩌면 20세기의 선동열이 21세기의 선동열에게 묻는 말일 수도 있었다.

2021년 2월 21일, KT 위즈의 투수들과 간담회를 할 기회가 있었다. 내가 인스트럭터 자격으로 KT 스프링캠프에 참가했을 때 이강철 KT 감독이 마련해준 자리였다. KT 감독과 코치들은 배석하지 않았다. 누구의 눈치도 보지 말고, 선수들과 자유롭게 얘기해보라는 이강철 감독의 배려였다. 간담회에 앞서 난 KT의 박승민 투수코치와 이승호 투수코치를 먼저 만났다. 두 코치에게 "내가 두 코치보다 KT 투수들을 잘 알 수는 없다. 다만 이런 자리가 마련됐으니 선배로서 후배들에게 경험담을 전할 것"이라고 양해를 구했다.

간담회에서 내가 먼저 강의한 뒤 선수들의 질문을 받았다. 기대보다 많은 질문이 쏟아졌다. 과거 내가 가르쳤던 선수들은 질문하는 것에 익숙하지 않았다. 프로야구 감독과 국가대표 감독까지 지냈던 나 같은 선배를 어려워하는 게 그때는 당연했다. 내 예상은 보기 좋게 빗나갔다. 베테랑 투수 안영명, 이보근은 물론 스무 살 소형준까지 거침없이 질문했다. 선수들이 이렇게 달라진 걸 나는 잘 모르고 있었다. 덕분에 나도 모처럼 젊은 선수들과 즐겁게 대화할 수 있었다. 그러던 중 이보근 선수가 "아직도 캠프에서 공 3,000개를 던져야 한다고 생각하느냐"고 질문한 것이다.

'투구 3,000개'는 내가 2004년 삼성 라이온즈 수석코치가 됐을 때 처음으로 했던 말이다. 2012년 KIA 타이거즈 감독에 부임했을 때도 비슷하게 말했다. 투구 수 3,000개는 선발 투수가 한 시즌 내내 던지는 공의 개수다. 2020년 KBO리그(한국 프로야구) 정규시즌에서 3,000개 이상 던진 투수는 네 명이었고, 모두 외국인이었다. 우리 선수 중 최다 투구를 기록한 선수는 양현종(2,950개)이었다. 선발 투수가 6개월에 걸쳐 던지는 공(물론 연습 투구를 제외하고 공식 투구 수만 계산한 것이다) 만큼을 캠프 기간 2개월 만에 던지라는 건 무리한 요구처럼 보일 것이다. 구식 지도법이라고 생각될 수도 있다. 투구 수 관리를 금과옥조로 여기는 요즘에는 3,000개 투구가 비과학의 유산처럼 느껴질 것이다.

디지털 시대를 사는 투수가 아날로그 시대를 지나온 나에게 왜 그걸 물었을까? 옛날얘기가 듣고 싶어서? 내가 틀렸다는 걸 확인하고 싶어서? 아니면 요즘 이론에서도 답을 찾지 못해서? 아무래도 좋았다. 그렇게 물어보는 자체가 긍정적이었다. 선수가 열린 자세로 질문하고, 과거와 현재를 비교하면서 미래를 고민한다는 건 나에게도 즐거운 일이었다. 게다가 선수들이 날 별로 어려워하지 않는 것 같아서 기분 좋았다. 이제 난 선수들과 할 얘기가 많아진 것이다.

난 선수들에게 이렇게 답했다.

"먼저 3,000개 투구는 모두에게 해당하는 말이 아니었습니다. 당시 삼성에는 20대 초반의 젊은 투수들이 많았는데, 공을 많이 던지라는 건 베테랑이 아니라 입단한 지 얼마 되지 않은 투수들에게 한 말이었죠."

20대 초중반 나이에 기본기를 탄탄하게 다져놓지 못하면, 머지않아 프로에서 공을 던질 기회조차 잃는다. 이 시기에 훈련하고, 공부하면서 좋은 투구 폼을 만들어야 성공할 수 있다. 내 장점을 발견하고, 약점을 보완하기 위해 집중적으로 단련하는 과정이 필요하다는 의미였다. 당시 삼성에서는 배영수, 권오준, 오승환, 권혁, 안지만 등이 그런 과정을 거쳤다. 20대 초중반에 잡은 피칭 밸런스가 그들의 구위를 향상시켰고, 제구를 만들었다. 이 선수들이 1군 주력 투수들이 된 후에는 당연히 투구 수를 조절했다.

난 또 한마디를 덧붙였다.

"3,000개 투구는 언론을 통해 과장된 부분이 있어요. 마치 공을 많이 던지는 자체가 목표인 것처럼, 모든 투수가 그래야 하는 것처럼 보도됐습니다. 맥락이 생략되고 3,000개라는 숫자만 부각되었는데, 내가 가르친 선수들은 3,000개 투구의 의미를 알았지만 외부에서는 오해를 했던 것 같습니다."

　성장기에 있는 10대 청소년은 공을 많이 던져서는 안 된다. 부상 우려가 있는 선수도 당연히 투구 수를 조절해야 한다. 또 자신의 폼을 정립한 투수라면 무리하지 않고 투구를 아끼는 게 맞다. 이들은 3,000개 투구를 할 필요가 없다.

　2012년 KIA 감독을 맡은 뒤로도 난 비슷한 말을 했다. 양현종 등 성장기에 있는 투수들에게 캠프에서 가급적 많은 공을 던지며 피칭 밸런스를 잡기를 희망했다. 그래야 자신에게 가장 잘 맞는 폼을 찾고, 또 유지할 수 있기 때문이다. '3,000개 투구'가 너무 강한 느낌이 들어 '2,000개 투구'라는 표현을 쓰기도 했다. 또 투구 수를 늘리는 게 아니라 좋은 폼을 만드는 것이 훈련의 목적이라고 말했다. 그러나 많은 이들이 여전히 '3,000개 투구'만 기억한다. 이보근 선수 덕분에 후배 선수들에게 3,000개 투구의 진실을 말할 기회를 얻었다.

　이 말을 처음 한 후로 꽤 오랜 시간이 흘렀다. 지금도 내 생각은 크게 달라지지 않았다. 학생 때는 잔기술을 부리기보다 기본기에 충실해야 한다. 프로 초창기에는 훈련을 통해 자신의 잠재력을 이끌어 내야 한다. 야구선수가 이 시기에 차곡차곡 모은 시드머니는 훗날 든든한 자산이 될 것이다.

투구 수가 아니라 데이터가 말한다

피치 코스트pitch cost 라는 말이 있다. 투수가 공을 던질 때마다 어깨와 팔꿈치 등에 피로가 쌓인다. 이걸 투수의 비용으로 보는 관점이다. 투구는 그 자체로 매우 부자연스러운 동작이기 때문에 무작정 많이 던지다가는 부상을 입는다. 그렇다고 공을 충분히 던지지 않는 게 정답은 아니다. 노력하지 않고 저절로 성장하는 투수는 없기 때문이다.

결국 비용을 최소화하고 이익을 최대화하는 방법을 찾아야 한다. 과거에는 투수가 공을 많이 던지면서 시행착오를 겪었다. 코치나 감독은 투수의 피칭을 관찰하며 자신의 경험을 더해 조언했다. 지금은 첨단 기술과 빅데이터의 도움을 받을 수 있다. 과거를 기록하고, 현재를 분석하고, 미래를 예측하는 툴이 눈부시게 발전했다. 덕분에 훈련과 경기의 효율성, 생산성이 높아졌다. 난 3,000개 투구라는 표현을 더는 쓰지 않는다. 2021년 KT 위즈와 LG 트윈스 캠프를 돌면서 투수들과 대화하며 캠프 기간 동안 투구 수에 대해 말한 적이 한 번도 없었다.

KBO리그는 이미 선수와 공의 움직임을 추적해 수치화하는 기술을 가지고 있다. 공 하나를 던지면 곧바로 투구 스피드 궤적, 회전수, 회전축의 방향이 표출된다. 메이저리그MLB 에서는 한 경기에 약 7테라바이트의 정보가 생성된다고 한다. 이로 인해 MLB는 지난 5~6년 동안 거대한 변화를 경험했다.

눈으로 보는 야구는 이제 끝났다. 인간의 경험과 직관에만 의지한다면 빅데이터 시대에서 소외될 수밖에 없다. 야구는 여전히 선수의 힘과 기술을 겨루는 경기이지만, 야구를 더 잘하는 방법은 완전히 바뀌었다. 하루가 다르게 발전하는 ICT(정보통신기술)와 막대한 데이터를 잘 활용할 줄 알아야 상대를 이길 수 있다. 야구는 앞으로 더 빠르게 변할 것이다.

난 1985년 해태 타이거즈에 입단해 1996년 일본 주니치 드래건스로 이적했다. 1999년에 선수 생활을 마감했으니 전형적인 '20세기 야구'를 한 것이다. 내가 코치와 감독을 맡았던 2000년대 초반은 새 시대로 가는 문턱이었다.

야구는 150년 역사 동안 거의 달라지지 않은 스포츠였다. 올드스쿨의 경험은 그래서 중요했다. 그러나 최근 몇 년 동안 진행된 MLB의 혁신은 충격적이었다. 이는 KBO리그와 일본 야구에도 빠르게 전파되고 있다. 나는 이 변화를 경험하고 싶었다.

'20세기 야구'를 했던 선동열이 '21세기 야구'로 향하는 여정을 이 책에 담았다.

1st Inning

거인들의 전쟁,
100마일 시대를 열다

한국에서 두드러진 '타고투저'

한국 야구 역사상 최강의 팀은 2006년 월드베이스볼클래식WBC: World Baseball Classic 대표팀과 2008년 베이징 올림픽 대표팀이라고 생각한다. 2006년 WBC에서 김인식 감독님을 모시고 투수코치를 맡은 건 내게 큰 영광이었다. 구대성, 박찬호, 서재응, 김병현, 오승환 등 뛰어난 투수들 덕분에 대표팀은 준결승까지 진출했다.

내가 참가하지 못했던 2008년 베이징 올림픽에서는 류현진, 김광현 등 젊은 투수들이 활약하며 우리나라가 최초로 올림픽 금메달을 따냈다. 더 젊은 선수들로 세대교체가 이뤄진 2009년 WBC 대표팀은 준우승을 차지했다. 한국 야구의 황금기였다. 이후 우리 대표팀은 그때만큼 좋은 성적을 내지 못했다. 국가대표뿐 아니라 KBO리그의 기량 하락도 감지됐다. 야구 인기가 높아지는 동안 서서히 벌어진 일이다. 특히 투수들이 고전했다. 2014년 이후, 이른바 타고투저打高投低(타격에 비해 투수력이 저조한 상태)가 시작됐다. 2014년 KBO 리그 전체 타율이 0.289까지 올라갔다. 이후 5년 동안 리그 타율이 0.280~0.290을 오갔다. 1982년 KBO리그 출범 후 가장 높았다. 홈런도 함께 늘었다. 2018년에는 총 720경기에서 1,756개의 홈런이 터졌다. 경기당 2.44개. 2008년 504경기에서 646홈런(1.27개)이 나왔던 것과 비교하면 증가세가 더욱 뚜렷했다.

투수들이 맥을 추지 못한 데에는 여러 가지 이유가 있었을 것이다. KBO리그에 제9구단 NC 다이노스(2013년 1군 합류), 제10구단 KT 위즈(2015년 1군 합류)가 창단하면서 이뤄진 양적 성장에 비해 질적 향상이 부족했다고 볼 수 있다. 타자들을 이기지 못하는 투수들이 많아졌다.

2010년 전후로 과학적인 훈련 프로그램과 영양 섭취법이 등장했다. 특히 타자들의 힘과 기술이 눈에 띄게 좋아졌다. 대부분의 구단이 실내 훈련장을 갖추기 시작했고, 타자들은 웨이트 트레이닝의 효과를 알게 됐다. 피칭 머신도 보급되어 마음만 먹으면 시간과 계절에 구애받지 않고 혼자서도 타격 훈련을 할 수 있게 되었다. 그런데 이런 변화는 타자에게만 있었을까? 투수들은 왜 이런 혜택을 받지 못했을까? 두 가지 이유로 생각할 수 있다. 하나는 부족했던 투수의 수다.

2006년 WBC와 2008년 베이징 올림픽 이전에는 야구 열기가 그리 뜨겁지 않았다. 초등학교 때 야구부에 가입하는 학생이 적었다. 2002년 한일 월드컵으로 인해 유소년 축구가 운동 능력이 뛰어난 유망주들을 끌어들인 이유도 있을 것이다. 야구를 하는 학생들이 부족한 데다가 다치기도 많이 다친다. 꽃을 피워보지도 못하고 사라진 유망주들이 예나 지금이나 여럿이다.

다른 이유는 서문에 서술한 '피치 코스트'에서 찾을 수 있다. 투수의 팔에 누적되는 피로와 부상 때문에 훈련 강도를 높이기 쉽지 않다. 첨단 시설과 과학적인 프로그램이 있어도 그렇다. 투수의 기량이 타자의 힘과 기술을 따라잡지 못하니 야구의 균형이 무너진 것이다. 타고투저 현상이 심화하자 2019년 KBO(한국야구위원회)는 야구공의 반발력을 낮췄다. 이후 KBO리그의 타율과 홈런은 조금씩 낮아지고 있다. 그렇다고 우리 투수들의 기량이 향상됐다고 보기는 어렴다.

KBO리그의 공식 기록 통계 업체인 스포츠투아이가 측정한 투수들의 패스트볼 평균 구속은 지난 7년간 시속 142km 수준에서 거의 변하지 않았다. 투수들은 타자와의 힘 대결에서 여전히 밀리고 있다.

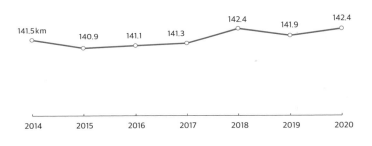

KBO리그 패스트볼 평균 구속(자료: 스포츠투아이)

우리는 '강속구 전쟁'에서 소외됐다

일본 도쿄에서 열린 2015년 야구 국가대항전 WBSC 프리미어12 대회는 내게 큰 충격을 줬다. 메이저리그 선수들이 참가하지 않아 이 대회의 무게감은 WBC보다 떨어졌지만, 그래도 한국과 일본은 최정예에 가까운 선수들을 선발했다.

당시 대표팀 투수코치였던 나는 김인식 감독님을 보좌했다. 우리 전력이 강하다고 볼 수는 없었으나 결승전에서 미국을 꺾고 우승했다. 선수들이 고루 잘 해줬고, 특히 투수들이 팀 평균자책점 1.93을 기록할 만큼 선전했다. 불펜이 잘 돌아간 덕분이었다.

우승을 하고도 나는 커다란 숙제를 떠안은 기분이었다. 2015년 11월 8일 조별리그 마지막 경기와 19일 준결승전에서 두 차례나 만난 일본인 투수 오타니 쇼헤이 때문이었다.

오타니는 시속 160km 안팎의 패스트볼을 뿌렸다. 불펜 투수도 아닌 선발 투수가 그렇게 빠른 공을 꾸준히 던지다니……. 우리 타자들은 오타니의 패스트볼과 포크볼을 거의 공략하지 못했다. 두 경기에서 오타니를 상대로 13이닝 동안 무득점에 그쳤다. 조별리그에 이어 준결승전에서도 압도당했던 우리 타선은 오타니가 물러난 뒤 9회에서 극적으로 경기를 뒤집었다.

키 193cm, 체중 92kg의 오타니는 상당히 위압적이었다. 우리 선수들의 체격이 일본 선수에게 밀린 적이 있었나? 우리가 일본 투수와의 스피드 싸움에서 진 적이 있었나? 별로 기억이 없다. 과거 우리 야구는 일본의 세기細技에 밀렸다. 대신 힘과 속도에서는 지지 않았다. 그래서 한일 야구는 수십 년 동안 명승부를 벌였다.

시야를 더 넓혀보자. 미국 MLB는 이미 강속구의 시대를 맞이했다. 시속 150km가 강속구의 기준인 건 이미 옛날얘기다. 시속 160km 이상의 공을 던지는 투수의 등장은 미국에서 더는 뉴스거리가 아니다. 메이저리그와 마이너리그(수준에 따라 트리플AᴀᴀA, 더블AᴀA, 싱글Aᴀ, 루키 리그 등으로 나뉘는 MLB의 하위 리그)를 포함하면 시속 95마일

(153km) 이상을 던지는 투수가 1,000~1,500명 정도 있다고 한다.

난 선수와 코치, 감독으로서 현장에서 오랜 시간을 보냈다. 그래도 시속 160km가 넘는 강속구를 본 적이 거의 없었다. 그 공이 얼마나 위력적인지, 그런 공을 던지기 위해 어떤 노력을 얼마나 해야 하는지 알 수 없었다. 또한 타자들이 그 공을 쳐내기 위해 어떻게 노력했는지도 알고 싶었다. 그리고 무엇보다 KBO리그에는 왜 160km를 던지는 투수가 없는지 궁금했다. 투수에게 강속구가 전부는 아니지만, 그만한 무기가 없는 것도 사실이다. 공이 빠를수록 타자의 반응시간이 줄어들기 때문이다. 제구가 어느 정도 받쳐준다면, 강속구는 투수가 가장 믿을 수 있는 공이다. 내 야구 공부는, 바로 여기에서 시작했다.

스탯캐스트Statcast*에서 2018~2020년 패스트볼 속도 대비 타자들의 기록을 찾아봤다. 세 시즌 MLB 타자들은 92마일(148km)의 공을 때렸을 때 타율 0.279, 출루율 0.361, 장타율 0.458를 기록했다. 148km의 패스트볼은 KBO리그에서 빠른 공에 속하지만, MLB 타자들은 잘 대응했다. 시속 93~95마일(150~153km)의 패스트볼을 때린 타자

> * 스탯캐스트
> 고화질 카메라와 군사용 레이더 기술을 결합해 공과 선수의 모든 움직임을 추적·기록하는 시스템이다. 미국에서 2014년 소개됐고, 2015년 일반에 공개됐다. 이 시스템의 레이더 장치 이름은 트랙맨이다. 스탯캐스트는 기존 데이터 외에도 투구의 무브먼트, 회전수, 타구의 궤적, 발사 속도, 발사 각도, 주자의 속도, 수비수 위치 등의 데이터를 생산한다. 선수들의 플레이를 마치 컴퓨터 게임처럼 수치로 분석하고 표현한다. 야구를 수학적·통계학적으로 분석하는 세이버메트릭스Sabermetrics는 스탯캐스트의 도입으로 한층 더 발전했다.

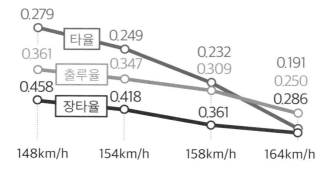

0.279
타율   0.249
0.361   0.232
             0.309   0.191
출루율 0.347   0.250
0.458   0.286
장타율 0.418
             0.361

148km/h   154km/h   158km/h   164km/h

2018~2020년 MLB 구속별 타격 성적(자료: 스탯캐스트)

들 성적은 크게 떨어지지 않았다. 그러나 96마일(154km)의 공을 상대할 때는 타율 0.249, 출루율 0.347, 장타율 0.418를 기록했다. 98마일(158km) 상대 기록은 타율 0.232, 출루율 0.309, 장타율 0.361로 더 하락했다. 100마일(161km)의 패스트볼을 상대해서는 타율 0.210, 출루율 0.258, 장타율 0.274에 그쳤다. 102마일(164km)을 초과하는 강속구에는 타율 0.191, 출루율 0.250, 장타율 0.286에 불과했다. 투수의 공이 빨라질수록 타자의 기록이 점차 나빠지는 건 분명하다. 제구력과 변화구 구사 능력 등 다른 요소가 같다고 가정하면, MLB에서는 패스트볼 스피드가 154km를 넘어야 유의미한 것 같다.

미국에서 벌어지는 속도 전쟁

2020년 MLB는 매우 특별한 시즌을 보냈다. 신종 코로나바이러스 감염증(코로나19)의 대유행으로 스프링캠프가 중단되었고, 예년보다 4개월 가까이 늦은 7월 말에 정규시즌을 개막했다. 팀당 162경기씩 치렀던 정규시즌 경기를 2020년에는 60경기로 줄였다.

감염병이 창궐한 데다 선수들 저마다의 루틴이 깨진 시즌에도 MLB 투수들의 속도전은 멈추지 않았다. 뉴욕 양키스의 마무리 투수 아롤디스 채프먼Aroldis Chapman은 코로나19 양성 판정을 받았다. 그는 복귀하자마자 시속 163km의 패스트볼을 던졌다.

코로나19로 인해 비정상적으로 시즌이 치러졌는데도, 2020년 MLB에서 161km 이상의 공을 던진 투수는 10명이 넘었다. LA 다저스의 브루스더 그라테롤Brusdar Graterol은 161km 싱커를 던졌다. 물론 그의 싱커와 포심 패스트볼의 속도는 차이가 거의 없기는 하다. 그라테롤은 2020년 MLB 속도 전쟁에서 2위를 기록했다. 다저스의 유망주 더스틴 메이Dustin May는 2020년 패스트볼 평균 속도가 159km로, 250이닝 이상을 던진 투수 중 가장 빨랐다. 다시 강조하면 159km는 메이의 '평균 스피드'다. 그의 최고 스피드는 166km에 이르렀다.

지난 10년 동안 MLB 강속구 투수를 대표했던 채프먼의 2020년 패스트볼 평균 스피드는 157km였다. 이제 이 정도 스피드는 10위권 밖으로 밀려나고 있다. 특출한 투수들의 공만 빨라진 게 아니다. MLB 투수 전체의 패스트볼 평균 구속은 매년 증가하고 있다. MLB 통계사

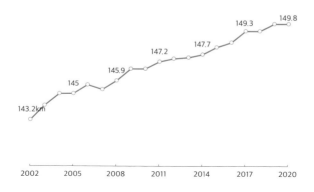

2002~2020 MLB 투수들의 패스트볼 평균 속도(자료: 팬그래프닷컴)

이트 '팬그래프닷컴'에 따르면, 2002년 MLB 투수들의 포심 패스트볼 평균 스피드는 시속 143.2km였다. 2010년대 KBO리그의 기록과 큰 차이가 없다. 이후 MLB 투수들의 속도 전쟁이 시작됐다. 투구 스피드는 꾸준히 우상향했다. 2017년 이후에는 평균 구속이 시속 150km에 가까워졌다.

MLB 선수와 코치, 감독, 여러 관계자는 강속구가 야구 자체를 바꿨다고 보고 있다. 2018년은 MLB 역사상 처음으로 정규시즌 총 삼진(4만 1,207개)이 총 안타(4만 1,018개)보다 많은 시즌이었다. 2018년 MLB 전체 타율은 0.248에 그쳐 1972년(0.244) 이후 가장 낮았다. KBO리그가 역사적인 타고투저 시즌을 보내는 동안 MLB 투수의 강속구는 타자를 압도한 것이다. 2019년에는 총 안타(4만 2,039개)와 총 삼진(4만 2,823개) 역전 현상이 심화됐다. 이 시즌 전체 타율은 0.252로 반등했으나, 2020년에 다시 0.245로 내려앉았다.

2020년 MLB의 전체 9이닝당 삼진(K/9)은 9.07개였다. 이닝당 1개 이상의 삼진이 나온 것이다. 코로나19로 인한 단축 시즌이었다고 해도 이 기록이 무의미하지 않은 것 같다. 이 기록은 2005년(6.38개) 이후 단 한 시즌도 하락한 적이 없다. 매년 꾸준히 삼진이 증가해 2019년에도 8.88개에 이르렀다.

이 기록은 투수들이 얼마나 강력해졌는지를 말해준다. 삼진 기록만 보면 MLB 타자들은 로저 클레멘스Roger Clemens 같은 투수를 매 경기 상대하고 있다고 볼 수 있다. 1984년부터 2007년까지 MLB에서 354승(역대 9위)을 올린 클레멘스는 '로켓맨'이라고 불릴 만큼 위력적인 공을 던졌다. 그가 기록한 탈삼진은 통산 4,672개(역대 3위), 9이닝 평균 8.55개였다.

2019년 5월 〈워싱턴포스트〉에 이와 관련한 흥미로운 기사가 실렸다. '강속구가 야구를 죽이고 있다. 그리고 그 영향력은 계속 커지고 있다Velocity is strangling baseball – and its grip keeps tightening'는 제목의 글이었다. 이 기사에서 나온 MLB 구성원들의 분석과 코멘트를 보고 나도 영감을 얻을 수 있었다. MLB를 대표하는 투수 클레이튼 커쇼Clayton Kershaw(LA 다저스)는 이 신문과의 인터뷰에서 "스피드의 증가는 게임의 진화일 뿐이다. 스포츠 선수들은 더 커지고, 강해지고, 빨라지고 있다. NFL(미국 프로풋볼리그) 선수의 놀라운 운동 능력을 보라. 야구 선수들도 마찬가지"라고 말했다.

실제로 1990년대 이후 태어난 선수들은 어느 세대보다 좋은 체격을 타고났다. 어려서부터 영양을 충분히 섭취했고, 과학적인 체력 훈련을 받았다. 일부 선수들은 부모의 지원을 받아 사설 기관에서 따로 훈련한다고 들었다. 좋은 체격을 물려받은 데다 체계적인 트레이닝 환경까지 제공받는 것이다. 최근 아버지에 이어 아들이 MLB에서 활약하는 사례가 많아지는 것도 이런 배경과 무관하지 않다고 생각한다. 웨이티드볼Weighted ball(실제 공보다 두 배 무거운 훈련용 공)을 이용해 몇 주 동안 구속을 5km 정도 늘려주는 프로그램도 있다.

체격의 향상이 '100마일 시대'를 열었다는 가설은 틀림없는 것 같다. MLB 투수들의 스피드는 체격과 함께 증가했다. 2019년 기준으로 MLB 투수들의 평균 키는 192cm, 몸무게는 98kg이다. 2000년 MLB 선수들의 평균 체격은 189cm, 89kg이었다. 전설적인 강속구 투수 놀란 라이언Nolan Ryan은 1974년 세계 최초로 100마일이 넘는 공을 던졌다(물론 시대에 따라 속도 측정 방법이 다른 탓에 기록의 편차가 있다). 1970~1980년대 MLB를 주름잡았던 그를 많은 투수들이 우상으로 삼

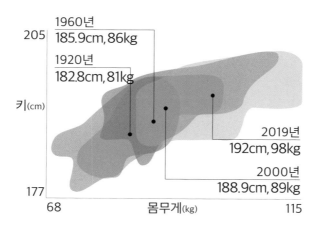

MLB 투수들의 평균 체격 변화(자료: 워싱턴포스트)

왔다. 라이언은 거인이기도 했다. 라이언의 프로필을 보니 키 188cm, 몸무게 86kg으로 2000년 MLB 투수들의 평균 체격에 가까웠다. 당시 라이언은 다른 선수들보다 체격이 상당히 좋은 편이었다.

현재 강속구를 던지는 투수들은 대부분 뛰어난 하드웨어를 가지고 있다. 193cm · 98kg의 채프먼을 봐도 그렇다. 체격과 근력은 대체로 비례한다. 근력이 좋아지면 더 강한 공을 던질 가능성이 커진다. 게다가 팔과 다리가 길면, 조금이라도 타자와 가까운 곳에서 던질 수 있다.

일본에 '진격의 거인'들이 있다

그렇다면 한국인과 비슷한 체격 조건을 가진 일본 투수들은 어떨까? 2019년 NPB(일본 프로야구) 투수들의 패스트볼 평균 스피드는 143.7km였다. NPB 투수들의 구속도 빨라지는 추세다. 특히 일본의 상위 투수들은 '100마일 시대'를 이미 열었다. 2010년 사토 요시노리(당시 야쿠르트 스왈로즈)가 NPB 최초로 161km를 던졌다. 최근에는 센가 고다이(소프트뱅크 호크스), 타이라 카이마(세이부 라이온즈), 후지나미 신타로(한신 타이거즈) 등이 160km를 돌파했다.

일본 최고 구속은 MLB에 진출한 오타니 쇼헤이(LA 에인절스)가 2016년 니혼햄 파이터스 시절 기록한 165km다. 고교 시절 이미 160km를 던졌던 사사키 로키(지바 롯데 마린스)는 "오타니 선배를 넘어 170km에 도전하겠다"고 했다.

일본 야구는 전통적으로 정교한 제구와 강한 공 회전을 강조해왔다. 동시에 강속구에 대한 열망도 가지고 있다. 일본의 톱클래스 투수들을 보면 MLB 못지않은 힘과 스피드를 갖고 있다. 오타니를 비롯해 센가(187cm·90kg), 후지나미(197cm·89kg), 사사키(190cm·85kg) 등이 그렇다. 반면 사토(179cm·80kg)와 타이라(173cm·100kg)의 체격은 그리 크지 않다. 사토는 늘 부상에 시달리고 있고, 타이라는 아직 20대 초반의 선수다. 즉 'MLB급 구속'을 내는 아시아 투수들은 대부분 'MLB급 체격'을 갖췄다고 볼 수 있다.

일본 선수들의 구속 향상을 보면 KBO리그 투수들의 기량 정체가 더욱 와닿는다. 외국인 선수를 제외하면, 구위로 타자를 압도하는 우리 투수들은 거의 찾아보기 어려워졌다. 선발 투수 중에서는 최고 150km를 던지는 구창모(NC 다이노스), 불펜 투수 중에서는 157km를 기록한 적이 있는 조상우(키움 히어로즈) 정도를 파이어볼러fireballer (불 같은 강속구를 던지는 투수)로 꼽을 수 있다.

KBO리그 패스트볼의 평균 구속은 2019년 141.9km, 2020년 142.4km였다. 20년 전 MLB 투수들의 패스트볼보다 느리고 현재 MLB 기록과는 7km 정도 차이가 난다. 그리고 격차는 점점 커지고 있다.

2nd Inning

속도보다 중요한 균형,
그리고 지속가능성

투수들의 영원한 열망 '강속구'

　나는 한국과 일본에서 강속구 투수를 여러 명 봤다. 메이저리그 투수들과 비교할 순 없지만, 아시아 투수 중에서도 뛰어난 재목이 꽤 많다. 빠른 공을 던진다고 해서 반드시 성공하는 것은 아니다. 강력한 무기가 전쟁에서 승리를 보장하지 않는 것과 같은 이치다. 그래서 소리 없이 사라진 강속구 투수들이 셀 수 없이 많다. 구속이 곧 성공을 보장하지 않는 데에는 여러 이유가 있을 것이다. 가장 큰 이유는 패스트볼 자체가 인체에 적지 않은 부담을 주기 때문이다.

　투수들의 체격이 좋아지고, 트레이닝이 발전하면서 투수들은 그 어느 때보다 강한 파워를 갖게 됐다. 그러나 근력만으로는 강한 공을 던질 수 없다. 견갑골(어깨뼈) 가동 범위가 커야 하고, 유연성도 뒷받침되어야 한다. 시속 100마일 이상의 패스트볼을 던지는 투수들은 파워만 강한 게 아니라 부드럽고 균형 잡힌 자세를 가지고 있다.

　많은 이들이 내게 묻는다.

　"구속은 어떻게 올릴 수 있습니까?"

　이렇게 묻는 선수들은 아마도 자신의 스피드가 시속 10km쯤 늘어나기를 바랄 것이다. 물론 아주 불가능한 얘기는 아니다. 아주 예외적인 경우, 그런 선수도 있다. 더 빠른 공을 던지고자 하는 투수의 욕망은 야구의 역사만큼 길다. '100마일의 시대'인 지금도 마찬가지다. 패스트볼 구속이 시속 150km인 투수는 160km를 던지고 싶어 하고, 그걸 성공하면 170km를 꿈꿀 것이다. 실제로 야구는 그런 과정을 거쳐 진화했다. 내가 선수로 뛰었던 시절에는 놀란 라이언보다 빠른 공을 던지는 건 불가능하다고 여겼다. 그건 마치 100m 육상에서 9.8초, 마라톤에서 2시간 벽처럼 느껴졌다. 그러나 인간은 그 한계를 결국 뛰어넘었다. 지금 MLB에는 라이언보다 더 빠른 공을 던지는 투수가 상당히 많다.

최근 미국에는 꽤 많은 야구 아카데미가 생겼다고 한다. 야구에 과학을 접목한 결과가 사교육 형태로 발전한 것이다. 이곳들은 유소년 선수들에게 '과외'를 하는 곳이 대부분이지만 기업화한 곳도 있다. 고속 카메라와 레이더 추적 장치 등을 갖춘 '드라이브라인Driveline Baseball'* 같은 업체는 마이너리그 선수는 물론 현역 MLB 투수들까지 찾는다.

> *드라이브라인
> 미국 워싱턴주 시애틀 인근에 있는 야구 생체역학 실험실Biomechanics laboratory. 생체역학 데이터를 기반으로, 선수에게 최적화된 프로그램을 제공하는 것을 목표로 하는 업체다. 여기서 피치 디자인pitch design이란 말이 나왔다. 이 아카데미의 대표적인 훈련법은 웨이티드볼이다. 야구공보다 무거운 공을 던지며 어깨 힘과 팔 스피드를 향상시키는 훈련법이다. 이 아카데미에서 훈련하면 평균 구속이 시속 2~3마일(3.2~4.8km) 정도 빨라진다고 한다. 그뿐만 아니라 첨단 장비와 빅데이터를 통해 투구 폼을 교정하고, 투구 회전축을 점검할 수도 있다. MLB 구단들은 드라이브라인을 낯설어했지만, 이들의 이 같은 접근법을 인정하기 시작했다. 몇몇 구단은 드라이브라인과 컨설팅 계약을 했다.

트레이닝이 아닌 '피치 디자인'

드라이브라인은 MLB의 '괴짜 투수' 트레버 바우어Trevor Bauer로 인해 유명해졌다. 겨울마다 그는 이곳에서 자신의 피칭 밸런스를 점검하고, 공의 회전을 분석했다. 코치의 조언이나 경기 영상 정보에 만족하지 않고, 그 이상의 데이터를 활용하는 것이다. 도전적이고 실험적인 바우어는 자신의 강점과 약점을 파악하며 더 나은 피칭을 '디자인'했다.

모든 아카데미가 그렇듯 물론 드라이브라인이라고 해서 성공 사례만 있는 건 아니다. 아마 현장에 있는 코치 중에는 이런 훈련법을 부정하는 이들이 많을 것이다.

"너, 야구해봤어?"

"했으면 얼마나 잘 했는데?"

2008년 드라이브라인을 창업한 카일 버디Kyle Boddy는 대학 시절에 투수로 뛰기는 했다. 그러나 그는 졸업 후 프로 선수가 아닌 소프트웨어 개발자가 됐다. 또 야구 전문 웹사이트 '하드볼타임스'의 야구 블로거로 활약하기도 했다. 사실 이건 20년 된 논쟁이다. 세이버메트릭스를 대중에게 소개한 책《머니볼Moneyball》은 2000년대 초반 오클랜드 애슬레틱스의 혁신 스토리를 담았다.

애슬레틱스가 강팀으로 성장하는 과정에서 적지 않은 갈등이 있었다. 전통적인 방법으로 선수를 스카우트해온 이들과 통계를 기반으로 의사결정을 하는 세이버메트리션이 강하게 충돌했다. 2011년

영화로 만들어진 〈머니볼〉에서는 애슬레틱스 스카우트 팀장이 이렇게 말하는 장면이 나온다.

"컴퓨터로 팀을 만들 순 없소."

수십 년 동안 쌓아온 경험, 오랜 관습과의 결별은 누구에게나 어렵다. 그래서 작동하는 방어기제가 '직접 경험하지 않으면 알 수 없다'는 주장이다. 출루율과 장타율을 중시하자는 (지금은 일반론에 가까운) 주장조차 불과 10여 년 전에는 거센 반발에 부딪혔다. 현재 세이버메트릭스는 야구를 분석할 때 통계를 중시하거나, '저비용 고효율' 개념을 구단 경영에 활용하자는 수준에 그치지 않는다. 따뜻한 훈련지에서 공을 던지면서가 아니라, 한겨울에 실험실에서 투구 폼을 분석하며 바꾸고 있다. MLB 마운드에 서본 적도, 그들을 가르쳐본 적도 없는 사람이 만든 곳에서 그런 변화가 이뤄졌다.

나 역시 이런 변화를 100퍼센트 받아들였다고 말할 수 없다. 세이버메트릭스를 공부하면서도 그게 야구의 전부라고 생각하지는 않는다. 그러나 분명한 건 배워야 한다는 점이다. 새로운 시각과 이론을 받아들이며 내가 경험하지 못했고, 눈으로 보지 못했던 정보를 얻어야 한다는 것이다. 이미 현대 야구는 그렇게 변했다. 그런 면에서 실험적인 성격의 바우어와 전혀 다른, 클레이튼 커쇼가 드라이브라인을 방문한 사실은 놀라웠다. 2019년 포스트시즌에서 부진해 눈물을 흘렸던 그는 그해 겨울 드라이브라인을 찾았다. 자세한 내용은 외부에 알려지지 않았지만, 커쇼는 그곳에서 '피칭 종합검진'을 받은 것 같다.

2020년 2월 커쇼는 스포츠 전문 매체 '디애슬레틱'과의 인터뷰에서 "드라이브라인은 신체와 투구의 관계, 피칭의 효율을 스마트하게 분석한다. 야구는 변하고 있다. 계속 경쟁해야 한다. 마이너리그에는 95마일 이상의 공을 던지는 투수들이 1,000명 이상 있다"고 말했다. 디애슬레틱은 "야구의 혁명이 진행 중이라는 사실에 대해 커쇼는 이의를 제기하지 않는다. 커쇼는 스스로 올드스쿨이라고 여기고 있지만, 새로운 트렌드를 열린 마음으로 받아들이고 있다"고 전했다.

2015년 이후 커쇼의 구속은 꾸준히 감소하고 있었다. 2019년 그의 평균자책점은 3.03이었다. 보통 선수의 기준으로는 대단한 성적이지만, 이는 커쇼가 MLB에 데뷔했던 2008년(4.26) 이후 가장 나쁜 기록이었다. 게다가 커쇼는 2019년 포스트시즌에서 또다시 부진했다. 그가 찾은 돌파구가 '피치 디자인'이었다. 2020년 커쇼의 구위는 회복세를 보였다. 패스트볼 평균 구속이 2019년보다 시속 1.8km 빨라진 시속 147.4km가 나왔다. 평균자책점도 2.16으로 낮아졌다. 그리고 커

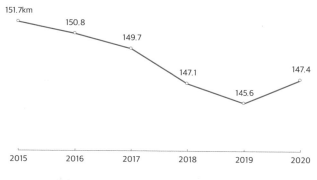

클레이튼 커쇼의 패스트볼 평균 속도(자료: 팬그래프닷컴)

쇼는 그해 LA 다저스의 우승을 이끌었다.

자신만의 무기를 찾아라

'피치 디자인' 개념은 KBO리그에도 도입되고 있다. 롯데 자이언츠는 2020년 '피칭랩pitching lab'이라는 시설을 운영하기 시작했다. 이곳은 드라이브라인과 유사한 시스템을 갖추고 있다. 앞으로는 첨단 설비와 다양한 데이터의 활용이 각 팀의 경쟁력이 될 것이다. 그러면 누군가는 또 물을 것이다.

"인프라를 갖추면 단기간에 구속을 늘릴 수 있습니까?"

나는 스피드는 천부적인 소질이라고 믿는다. 프로 선수가 될 정도의 실력을 갖춘 투수가 추가로 얻을 수 있는 구속은 5km 정도라고 본다. 드라이브라인에서 말한 구속 향상(평균 3.2~4.8km) 범위와 별로 다르지 않다. 그것도 좋은 지도자를 만나고, 선수가 엄청나게 노력해야 가능하다. 빠른 공을 던지지 못하는 투수에게는 가혹하게 들리겠지만, 그건 엄연한 현실이다. 원석이 좋아야 세공을 거쳐 훌륭한 보석이 되는 것이다. 문제는 KBO리그가 원석을 그대로 두지도 못한다는 점이다. KBO리그 투수들의 패스트볼 구속이 10년 가까이 정체되어 있는 이유다. 나는 그 이유를 투수들의 훈련법과 투구 폼에서 찾는다. KBO리그 투수들 가운데 하체 중심 이동이 자연스러운 투수가 많지 않다. 안정적인 스트라이드를 만들면서, 릴리스 때 어깨와 팔꿈치를 수평으로 만들 줄 아는 이는 거의 없다.

선수 시절 내 폼도 완벽하지 않았다. 몸 전체가 구부러져$_{arching}$ 부담이 가는 자세였다. 그러나 내 몸에 맞는 폼으로 조금씩 바꿔가며 최적의 밸런스를 찾으려 했다. 이런 이유로 내가 투수코치나 감독을 할 때 선수들에게 내 폼을 참고하라고 말하지 않았다. 신체 특성이 각자 다른 만큼, 힘을 모으고 폭발시키는 메커니즘도 서로 다르다. 선수들과 함께 고민하며 좋은 밸런스를 찾는 게 지도자의 역할이다.

피칭 밸런스보다 더 중요한 게 있다. 튼튼한 하체를 바탕으로 하는 기본기다. 이건 야구를 시작하면서부터 은퇴할 때까지 소홀해서는 안 된다. 그런데 KBO리그의 많은 원석은 여기에서부터 흠집이 나고 있다. 그렇다면 지금 KBO리그 투수들은 어떤 방향으로 노력해야 할까? 최고의 무기인 강속구를 갖기 위해 당장 웨이티드볼을 던지고, 무거운 역기를 들어야 할까? 시속 5km라도 스피드를 늘리기 위해 무슨 수라도 써야 할까? 그래서 평균 140km의 패스트볼을 던졌던 투수가 145km를 던질 수 있게 됐다면? 코치나 감독은 최강의 무기를 가진 그 투수를 당장 활용해야 할까? 아니다. 내 것이 아닌 무기를 욕심내다가 되려 위기에 빠질 수 있다.

드라이브라인을 비롯한 야구 아카데미에서 구속을 끌어올린 사례가 많다. 이런 프로그램은 6주 정도의 코스로 이뤄진다고 한다. 별로 길지 않다. 그러나 이 가운데 상당수 투수들은 팔에 부상을 입는다. 올바른 투구 자세와 충분한 유연성 없이 스피드만 올린다면 투수에게 그것만큼 위험한 게 없다. 여러 리스크가 따른다고 해도 대부분의 투수는 강속구를 열망한다. 속도는 곧 상품성이기 때문이다. 로스 앳

킨스Ross Atkins 토론토 블루제이스 단장은 2019년 〈워싱턴포스트〉와의 인터뷰에서 "구단이 구속에 집착하는 건 사실이다. 강속구는 분명 효과적이기 때문"이라고 말했다. 이렇게 말한 앳킨스 단장이 그해 겨울 강속구 투수가 아닌 류현진을 영입했다는 건 재미있는 일이긴 하지만 말이다.

스피드는 투수에게 최고의 세일즈 포인트다. 아마추어 선수가 프로에 입단할 때는 물론, 프로에서 FA(자유계약선수)가 됐을 때도 마찬가지다. 2019 시즌이 끝난 뒤 MLB 스토브리그는 강속구 투수들의 FA 계약으로 뜨거웠다. 게릿 콜Gerrit Cole이 MLB 투수 최고액인 9년 총액 3억 2,400만 달러에 뉴욕 양키스로 이적했다. 스티븐 스트라스버그Stephen Strasburg는 7년 총액 2억 4,500만 달러에 워싱턴 내셔널스와 재계약했다. 두 투수 모두 압도적인 구위를 자랑한다. 강속구는 타자와의 승부뿐 아니라 계약에도 확실한 '무기'다.

FA는 아니지만 최고의 상품성을 자랑하는 투수는 제이콥 디그롬Jacob deGrom(뉴욕 메츠)이다. 2019년 류현진을 2위로 밀어내고 내셔널리그 사이영상Cy Young award(리그 최고 투수에게 주는 상)을 수상한 그는 선발 투수로는 최강의 패스트볼을 던진다.

거인들의 힘을 감상하는 건 야구팬에게 커다란 즐거움이다. 콜과 스트라스버그, 디그롬의 키는 모두 193cm다. 셋 다 시속 100마일(161km) 안팎의 패스트볼을 뿜어 낸다. 덩치가 비슷하고, 동일한 스피드의 공을 던진다고 해서 같은 클래스의 투수는 아니다. '강속구의 시대'에서도 특히 돋보이는 투수가 있다.

'활시위'를 만들어 공을 쏴라

내 눈에는 디그롬의 피칭이 가장 아름다워 보인다. 그의 투구에 매료돼 영상을 수백 번 돌려봤다. 시청자가 중계 화면을 통해 가장 많이 보는 앵글은 투수 뒤(카메라 위치는 외야 중앙의 전광판 근처)에서 찍은 것이다. 이 각도에서도 디그롬의 오른팔은 잘 보이지 않았다. 타자에게는 더욱 안 보일 것이다. 디그롬이 일부러 디셉션deception*을 하는 것 같지 않았다. 그의 테이크백이 워낙 짧고 빨라서 타자 눈에 안 보이는 것 같다. 뒤에서 만든 반원이 작으니 디그롬의 긴 팔은 앞을 향해 큰 원을 그릴 수 있다. 투수판에서부터 공을 놓는 지점까지 익스텐션extension**이 충분히 확보된다. 이로 인해 디그롬은 불필요한 에너지 손실 없이 최대한 앞에서 강하게 공을 때린다. 어깨와 팔꿈치가 수평을 만들어야 하는 기본을 잘 지키고 있다. 투수라면 당연히

> *** 디셉션**
> 투구 전 허리 뒤로 공을 감추는 동작. 공을 던지기 전부터 타자 눈에 투수의 팔 스윙이 보이면 타격 타이밍을 맞추기 수월하다. 그러나 공을 잡은 손이 투수 등 뒤로 사라졌다가 나오면 타자가 대응하기 어려워진다.
>
> **** 익스텐션**
> 투수판(투수가 중심발을 올려놓는 플레이트)과 투수가 공을 놓는 릴리스포인트release point까지의 거리. 익스텐션이 길다는 건 투수가 그만큼 앞에서 공을 발사한다는 뜻이다. 같은 속도의 공이라도 투수의 익스텐션이 길면 타자는 더 빠르게 느낀다.

몸에 배어있어야 할 동작이지만, 그렇지 않은 선수들이 꽤 많다. 디그롬의 환상적인 피칭의 핵심은 하체 이동에서 나온다. 오른발이 힘차게 땅을 박차고 만든 힘이 골반과 허리 회전으로 이어진다. 왼발은 홈플레이트를 정확히 향하고 있다. 뛰어난 체격을 가진 투수가 이런 폼까지 완성했으니 놀라울 따름이다.

나는 2019년 펴낸 책《야구는 선동열》을 통해 '프로 투수 교정 3단계'를 설명했다. 어려운 용어와 복잡한 이론을 쓴 게 아니다. 활시위(투수)를 팽팽하게 만들었다가, 온몸을 쫙 펴서 활(공)을 쏘는 원리를 강조했다. 투수마다 체격과 특성이 다른 만큼 투구법은 각자 다르다. 그러나 목표는 하나다. 팽팽한 활시위를 만드는 것이다. 디그롬의 피칭이 딱 그렇다.

투수가 자신에게 맞는 폼을 찾고, 최적의 밸런스를 유지하는 방법은 뭘까. 나는 스텝 앤드 스로step and throw를 강조한다. 한 발, 두 발, 세 발을 걷고 공을 던져보는 훈련이다. 팔의 각도나 다리의 높이를 고민할 게 아니라, 편한 걸음을 통해 무게중심의 이동을 느껴보라는 것이다. 기본으로 돌아가 기초 공사를 다시 하라고 조언한다. 디그롬의 투구 동작은 매우 빠르다. 슬로 모션이나 사진으로 그의 피칭을 보면, 아주 자연스럽게 마운드에서 '걸어 내려오고 있다'는 걸 알 수 있다.

앞서 프로 레벨의 투수가 끌어올릴 수 있는 스피드는 최대 시속 5km 정도라고 언급했다. 여기에 아주 예외적인 경우가 있는데, 디그롬이 바로 그렇다. 디그롬은 2014년 26세 나이에 풀타임 메이저리거가 됐다. 당시 그의 패스트볼 평균 구속은 150.4km였다. 디그롬의 패스트볼은 약간의 증감을 보이다가 2018년 154.4km에 이르렀다.

온몸이 팽팽한 활시위처럼
탄력을 유지하고 있다.

오른손이 몸 중심에 가까워
회전력을 높일 수 있다.

스트라이드 때 오른발에
무게중심이 충분히 남아있다.

활을 쏘는 듯한 제이콥 디그롬의 피칭(사진: AP=연합뉴스)

2019년에는 155.9km였고, 32세가 된 2020년에는 평균 158.6km의 패스트볼을 뿜어냈다. 2020 시즌 기록은 표본이 작아 큰 의미를 두지 않는다고 해도, 디그롬은 30대 나이에 5km 이상의 구속 증가를 만들어냈다. 그는 MLB 정상급 투수가 된 후에도 꾸준히 딜리버리delivery (투구 동작)에 대해 공부한 선수다. 디그롬의 피칭은 재능과 연구, 훈련의 합작품이다.

이렇게 강력한 공을 던질 수 있다면, 투수는 타자를 상대하기 쉬워진다. 힘을 가졌다고 해서 그 힘을 모두 쓸 필요는 없다. 디그롬의 패스트볼은 점점 빨라졌다. 동시에 그의 패스트볼 구사율은 매년 떨어졌다. 공이 빠를수록 타자는 스윙 여부를 빨리 결정해야 한다. 그만큼

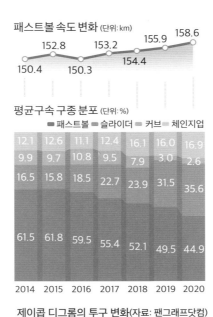

제이콥 디그롬의 투구 변화(자료: 팬그래프닷컴)

체인지업이나 슬라이더 등의 변화구에 속을 확률이 높아진다. 디그롬의 경우 2014년 61퍼센트를 넘었던 패스트볼 비중이 2020년 45퍼센트 이하로 줄었다.

패스트볼 구사율이 줄어드는 건 MLB 전체적인 현상이라고 한다. 2002년 MLB 전체 투구에서 64퍼센트 정도가 패스트볼이었는데, 2019년에는 52퍼센트 수준으로 낮아졌다.

'강속구의 시대'를 맞아 패스트볼의 강도는 높아진 반면, 빈도는 낮아진 것이다. 타자가 강속구를 의식할수록 유인구를 던져서 쉽게 속일 수 있기 때문이다.

덜 던지는 것보다 잘 던져야 한다

2020년, 아쉬운 뉴스를 들었다. 스트라스버그가 손목 수술을 받아야 해서 이탈한다는 소식이었다. 스트라스버그는 10년 전부터 '내셔널 트레저national treasure(국보)'로 불렸을 만큼 대단한 스타였다. 2010년 MLB 데뷔전에서 7이닝 동안 삼진을 14개나 잡았다. 그는 그해 오른 팔꿈치 인대접합 수술을 받았다. 이후에도 팔 부상을 여러 번 입었다. 스트라스버그는 대학 시절부터 마이너리그, MLB에 입성한 뒤에도 투구 수 관리를 꾸준하게 받은 것으로 알려져 있다. 그런데도 그가 규정 이닝을 채운 시즌은 네 번밖에 되지 않았다. 피칭은 그 자체가 부자연스러운 동작이다. 특히 강속구 투수라면 타자보다 부상과 싸우는 것이 더 어렵다. 내가 스트라스버그를 직접 본 게 아니어서 부상 원인을 정확히 알 수는 없다. 그러나 영상을 통해 본 그의 투구 폼은 상당히 거친 느낌이었다.

먼저 그의 스트라이드를 보자. 이동발인 왼발을 아직 내딛기 전이다. 그러나 오른발에 체중이 60퍼센트 정도밖에 남아있지 않은 것 같다. 여기서 이미 추진력에 손실이 생겼다. 그리고 왼발이 12시 방향(홈플레이트 쪽)이 아닌 2시 방향을 향하고 있다. 앞으로 곧게 뻗은 디그롬의 발과 차이가 있다. 이동발이 닫혀 있으면, 투수는 그만큼 허리와 어깨, 팔꿈치를 더 회전해야 한다. 에너지가 분산될 뿐만 아니라 부상 위험이 높다. 팔 움직임도 부드럽지 않다. 사진을 보면 그의 백스윙backswing(공을 던지기 전 힘을 모으기 위해 팔을 뒤로 젖히는 동작)은 불필요하게 크다. 게다가 팔꿈치 위치가 어깨보다 높다. MLB에서는 이를 '인버디트inverted W'라고 한다. 이렇게 던지면 상체의 큰 근육을 쓸 수 있어 구속을 높이는 데 유리하다. 반면 스윙이 전체적으로 커져 관절과 근육에 무리를 가한다는 반론도 있다.

그래도 '인버트 W' 자세가 편한 투수도 있을 것이다. 젊을 때는 가능하겠지만, 유연성이 떨어지는 나이가 되면 위험해진다고 본다. 2019년 스트라스버그는 커브와 체인지업 비중을 늘리는 등 변화를 시도하며 데뷔 후 가장 많은 209이닝을 던졌다. 그러나 2020년 또 부상을 입었다.

오른 팔꿈치가 어깨보다 높아
부상 우려가 있다.

왼발이 착지하기도 전에
무게중심이 앞으로 쏠렸다.

왼발이 닫혀있다.
이런 자세에서는 상체 회전이
더 필요해서 몸에 부담을 준다.

스티븐 스트라스버그의 거친 투구 폼(사진: AP=연합뉴스)

코치만으로는 충분하지 않다

강속구는 선수의 무기이자, 팀의 자산이다. 유용한 만큼 위험하다. 투수의 지속 가능한 성장을 돕는 게 나의 중요한 연구 과제다. MLB처럼 선수 자원이 풍부하지 않은 KBO리그에서 이건 정말 중요한 일이다. 투수마다 가장 잘 맞는 폼을 찾아주는 건 선배로서, 코치로서, 감독으로서 나의 임무다. 그러나 그것만으로는 충분하지 않아서 국내 전문의와 MLB 트레이너들로부터 조언을 받았다. 그 결과 코칭스태프, 트레이너, 의료진 등 3개의 파트가 긴밀하고 유기적으로 협력해야 한다는 결론에 이르렀다.

감독 시절 난 트레이닝 파트를 일본인 전문가에게 맡겼다. KBO리그보다 일본 리그의 트레이닝이 더 체계적이라고 판단해서였다. 최근에는 MLB 구단들이 일본식 트레이닝에 미국식 의학을 결합한 시스템을 만들고 있다고 한다. MLB 팀들은 각자의 트레이닝 시스템을 확립하고 있다. 여기에는 구단의 운영 방향과 철학이 녹아있다. 담당 의사나 트레이너가 바뀌어도 시스템은 변하지 않는다고 한다.

MLB는 트레이닝을 좋은 몸 상태를 유지하는 컨디셔닝conditioning과 보강 훈련 개념의 스트렝스닝strengthening으로 나누는데, 파트별로 3~5명의 담당자가 있다. 부상 선수가 많으면 인력을 충원한다. 부상 치료는 병원에서 하지만, 부상 예방은 구단에서 한다는 체계가 확고하다.

MLB는 선수의 모든 트레이닝 데이터를 관리하고 있다. 선수의 러닝 시간, 역기 무게만 봐도 피로도와 부상 위험을 알 수 있는 수준이다. MLB 팀들은 정확한 트레이닝 데이터를 얻고, 선수의 피로 회복을 돕기 위해 비싼 장비도 아낌없이 구입한다. 고가의 FA를 사들이는 것보다 훌륭한 코칭·트레이닝 시스템을 갖추는 편이 효율적이고 지속 가능하기 때문이다.

나는 국내 최고의 전문의들을 만나 재활의학에 대해 배울 기회가 있었다. 그분들 강의를 듣고 놀랐던 점은, 훌륭한 투수코치와 전문의가 하는 말이 크게 다르지 않다는 점이다. 전문의들은 '다치기 직전까지 훈련하면 최고가 될 수 있다' '트레이닝 데이터를 통해 선수들의 수치(훈련 기록) 변화를 파악하라' '야구는 비대칭 운동이기 때문에 반대 방향 운동(우투수라면 좌투수 자세)을 최소 3분의 1 이상 하라' '투수의 경우 상체가 뒤로 젖혀지면 안 된다' '던질 때 어깨와 팔꿈치가 수평을 이뤄야 한다'고 조언했다. 무엇보다 모든 선수의 신체 능력이 다르기 때문에 각자 최적의 훈련법과 운동량이 필요하다고 했다. 이를 위해서 코치와 트레이너, 의사가 서로의 역할을 존중하면서 선수를 보호·강화할 수 있는 시스템을 만들어야 한다.

"인간은 인간의 한계를 극복한다"는 말을 좋아한다. 2010년 미국 스포츠의학연구소 글렌 플레이직Glenn Fleisig 박사는 "인간이 던질 수 있는 최고 속도는 시속 100마일"이라고 주장했다고 한다. 그가 설정한 이 한계를 MLB 투수들은 이미 넘어섰다. 플레이직 박사는 "100마일보다 빠른 공을 던지면 팔꿈치 인대가 견디기 어렵다"고도 했다. 나는 100마일이 한계라는 말보다 이 말에 더 주목해야 한다고 생각한다. 큰 체격을 갖추고, 근력이 강해지고, 관리를 잘 받는다면 투수는 더 빠른 공을 던질 수 있다. 그러나 인대와 관절 강화에는 한계가 있다. 강속구의 시대에 부상 위험이 더 커진 이유다. 투수에겐 '최고 구속'보다 '강속구를 지속적으로 던질 수 있는 폼'이 그래서 더 중요하다.

투수의 본질은 강속구를 던지는 게 아니라, 타자를 이기는 것이기 때문이다.

3rd Inning

수비 대형을 깨다,
그리고 편견을 깨다

경험에 기반한 수비 시프트

메이저리그의 거인 투수들이 과학적인 트레이닝까지 소화하면서 '100마일의 시대'를 열었다. 반면 타자들은 위축됐다. 타자들의 체격도 좋아졌고, 그들의 훈련법도 발전하긴 했다. KBO리그와 달리 MLB 투수들의 기량 발전이 타자들보다 빨랐을 뿐이다.

여기에 타자들을 더 압박하는 덫이 생겼다. 바로 수비 시프트 defensive shift다. 시프트는 특정 타자의 타구가 많이 가는 곳으로 수비수들을 이동하는 작전을 뜻한다. 시대에 따라 정의가 달라졌다. 과거에는 수비 위치가 평소와 다르면 시프트가 걸렸다고 표현했으나, 지금은 2루를 중심으로 좌측 또는 우측에 내야수를 3명 이상 배치하는 걸 뜻한다. 예를 들면, (평소에는 2루와 3루 사이에 있는) 유격수가 2루 쪽으로 몇 걸음 이동하는 정도를 이제 시프트라고 부르지 않는다. 유격수가 아예 2루를 넘어가고, 1루와 2루 사이에 내야수 3명(1루수, 2루수, 유격수)이 위치해야 시프트라 부른다.

시프트의 시작은 1920년대였다. 가장 유명한 시프트는 MLB의 마지막 4할 타자(1941년 타율 0.406) 테드 윌리엄스Ted Williams(1918~2002) 때문에 만들어졌다. 보스턴 레드삭스의 강타자 윌리엄스를 잡기 위해 클리블랜드 인디언스가 1946년 7월 14일 더블헤더 경기에서 처음 시도했다.

왼손 타자 윌리엄스는 대부분의 타구를 잡아당겨 타격했다. 그의 타구의 80퍼센트 이상은 오른쪽(1루수와 2루수, 우익수 방면)을 향했다.

때문에 왼쪽(3루수와 유격수, 좌익수 방면)을 비워두다시피 하고 수비수를 오른쪽에 집중 배치했다. 3루수 쪽으로 구르는 타구는 아예 포기하고, 윌리엄스 타구의 대부분이 향하는 1루와 2루 사이에 내야수 3명을 집중적으로 배치하는 작전이었다.

이 시프트는 인디언스의 유격수이자 감독인 루 보드로Lou Boudreau 가 고안했다. 이날 윌리엄스는 1차전에서 5타수 4안타(3홈런) 8타점을 터뜨렸다. 2차전을 앞두고 보드로는 선수들에게 "윌리엄스 타석 때 수비 위치를 대폭 바꾸자"고 말했다. 그랬더니 다들 "미쳤다"고 했다고 한다. 새로운 시도는 이렇게 욕을 먹기 마련이다.

더블헤더 2차전에서 윌리엄스는 2루타 1개를 때리는 데 그쳤다. 꼭 시프트 때문이라고 할 수는 없으나(1차전에서 나온 홈런은 수비수를 아무리 이동해도 막을 수 없었다), 일단 가시적인 효과가 나왔다. 이후 인디언스뿐 아니라 다른 팀들도 윌리엄스를 상대할 때 비슷한 수비 대형을 만들었다. 이를 '윌리엄스 시프트' 또는 '보드로 시프트'라고 불렀다. 지금은 시프트가 여러 가지 형태로 진화했지만 그래도 수비 시프트 하면 '윌리엄스 시프트'를 떠올린다. 가장 오랫동안, 가장 많이 사용됐기 때문이다.

오른손 타자를 상대로는 수비수들이 큰 폭으로 이동하지 않는다. 1루수가 2루수 위치로 간다면, 다른 내야수의 송구를 받으러 1루까지 되돌아가는 거리가 너무 멀어지기 때문이다. 당겨 치기를 즐겨 하는 오른손 타자가 등장해도 수비수들은 왼쪽으로 몇 걸음 이동하는 경우가 대부분이다. 그런데 2021년 한화 이글스 지휘봉을 잡은 카를로스 수베로Carlos Subero 감독은 오른손 타자를 상대할 때도 시프트를 꽤 건다.

타자 입장에서 생각해보자. 수비 시프트를 하면 페어지역의 절반 가까이가 빈다. MLB 19 시즌 동안 통산 타율 0.344를 기록한 윌리엄스 수준의 타자라면 수비수가 없는 곳으로 타구를 보낼 수 있지 않았을까? 자신을 압박하려는 시프트를 보며 윌리엄스는 "별거 아니다. 타구를 높이 날리면 된다"고 말했다고 한다. 나중에 윌리엄스는 "수비수들이 오른쪽에 모여 있으면 안타는 몇 개 손해 볼 것이다. 대신 홈런은 더 치기 쉽다. 투수는 몸쪽 공을 던질 것이고, 나는 그걸 노리면 된다"고 말했다.

이 말을 통해 그의 생각을 유추해봤다. 윌리엄스는 매우 영리한 대응책을 내놨다. 상대 투수는 시프트의 성공률을 높이기 위해 바깥쪽 공을 거의 던지지 않을 것이다. 아웃사이드 피치는 타자가 밀어 치기(혹은 밀려 치기) 수월하기 때문이다. 바깥쪽 공을 던지지 않는다면, 투수의 선택지는 그만큼 좁아진다. 윌리엄스는 몸쪽으로(실투한다면 치기 좋게 한가운데로) 날아드는 공을 노려서 더 강한 타구를, 그것도 높게 날리겠다고 대응한 것이다. 그의 전략은 70년 후 MLB를 강타한 '뜬공 혁명 fly ball revolution(타구의 발사 각도를 높이는 움직임)'의 단초가 됐다.

물론 MLB 역사에서 가장 위대한 타자 중 하나인 윌리엄스도 자신의 타구를 완벽하게 컨트롤하지는 못했을 거다. 우선 타자가 노린다고 홈런이 나오는 게 아니다. 또 그처럼 극단적인 풀히터 pull hitter가 수비수가 없는 곳으로 타구를 밀어 보내는 건 말처럼 쉽지 않다. 윌리엄스의 타구 중 좌익수 쪽으로 날아간 10~15퍼센트의 타구는 투수의 공에 '밀린' 것이 대부분이라고 봐야 한다.

　당시에는 '윌리엄스 시프트' 성공률을 계산할 수 없었을 것이다. 정확하지는 않겠지만, MLB 전문가들은 "시프트가 없었다면 윌리엄스의 통산 타율은 0.350은 충분히 넘었을 것"이라고들 한다. 시프트라는 덫이 꽤 효과적이어서, 윌리엄스는 상대의 수비 대형을 흔들기 위해 3루 쪽으로 기습 번트를 몇 번 시도했다. 그게 여의치 않자 윌리엄스는 밀어 치는 기술을 개발해서 시프트와 맞섰다.

빅데이터가 편견을 깨다

　이후 시프트는 크게 변하지 않았다. 2000년대 레드삭스의 강타자 데이비드 오티스David Ortiz의 경우 거의 모든 타석에서 시프트와 상대했다. 수비수들의 이동 폭이 더 커졌으나, 기본적으로 '윌리엄스 시프트'였다.

　수비 시프트는 편견을 깨고 탄생했다. 코치나 선배로부터 배운 지식과 선수 개인의 고정관념에서 탈피하고, 타자를 잡는 데 가장 효과적인 방법을 찾은 것이다. 보드로는 모든 공을 끌어당겨서 치려는 윌리엄스의 타격을 보고, 기억했다. 2010년 이후 수비 시프트는 과학의 영역으로 들어왔다. 세이버메트릭스의 효율성과 중요성을 MLB가 인식하면서부터다.

　수비 시프트의 과학화를 이해하기 좋은 책이《빅데이터 베이스볼》

이다. 이 책은 북미 스포츠 사상 최장기간인 20년 연속 루징 시즌losing season (시즌 성적 5할 미만)을 기록한 피츠버그 파이리츠가 2013년 플레이오프에 진출하는 스토리를 담았다. 파이리츠는 2012년 76승 83패 (승률 0.469)에 그쳤다. 이로써 파이리츠는 20년 연속으로 승률 5할에 이르지 못했다. 당시 56세였던 클린트 허들Clinton Hurdle 감독은 구단과의 3년 계약 중 2년을 보냈다. 팬들은 그를 경질하라고 파이리츠 구단을 압박했다. 타자 출신인 허들은 2002~2009년 콜로라도 로키스 감독을 지내면서 월드시리즈에도 진출(2007년 레드삭스에 4전 전패)한 적이 있다. 2011년 파이리츠 지휘봉을 잡았으나 2년 동안 이렇다할 성과를 내지 못했다.

위기의 허들에게 닐 헌팅턴Neal Huntington 단장이 팀 운영 방식을 완전히 바꾸자고 제안했다. 선수 구성과 전략 수립에 빅데이터를 활용하자는 것이다. '올드 보이' 허들이 받아들이기 어려운 요구였을 것이다. 단지 그의 나이가 많아서는 아닐 터였다. 데이터를 거의 활용하지 않고도 로키스 시절 월드시리즈까지 올라갔던 '성공의 기억'이 그의 결심을 어렵게 했을 거라고 짐작한다. 게다가 허들의 계약 기간이 1년밖에 남지 않은 때였다. 기존의 틀을 바꾸기에는 시간이 모자랐다. 보통의 단장이라면 새 감독을 선임해 새 야구를 했을 것이다. 보통의 감독이라면 끝까지 자기 스타일을 고수했을 것이다. 그러나 허들과 헌팅턴은 그러지 않았다.

인디언스 부단장을 지내다 2007년 파이리츠 단장으로 부임한 헌팅턴은 데이터 활용에 관심이 많았다. 인디언스의 데이터베이스 시스템인 '다이아몬드뷰DiamondView'는 2000년에 첫 버전이 만들어졌다.

《머니볼》로 유명한 오클랜드 애슬레틱스의 시스템보다 몇 년 앞선 것이었다. 헌팅턴은 인디언스 시절 경험한 시스템을 피츠버그에 적용하고 발전시키길 원했다. 파이리츠 산하 마이너리그 팀들부터 수비 시프트를 적극적으로 활용했고, 각 팀들은 리그에서 수비효율 1, 2위를 기록했다. 그러나 이를 MLB 파이리츠에 적용하는 건 다른 문제였다. 빅리그는 눈부신 커리어의 감독과 코치, 선수들이 모인 곳이기 때문이다. 아마추어 야구 선수 출신인 헌팅턴의 말이 통하기 어려웠을 것이다.

결국 야구는 선수들이 한다. 그리고 선수들을 이끌고, 결과에 책임을 지는 건 감독이다. 허들이 빅데이터 야구를 수용하지 않으면 파이리츠 선수들과 그들의 야구는 바뀌지 않을 것이었다. 2012년의 실패는 허들과 헌팅턴을 모두 위기에 몰아넣었다. 2013년은 마지막 기회였다. 그들은 똑같은 방법으로 실패하고 싶지 않았다.

전력을 강화하는 가장 빠른 방법은 뛰어난 선수를 사 오는 거다. 2000년대 초반 파이리츠는 선수 스카우트를 못 하기로 유명했다. 신인 드래프트에서 수많은 유망주를 놓쳤고, 큰돈을 주고 FA(자유계약선수)를 사 올 자금력도 없었다. 2012년 파이리츠와 2013년 파이리츠의 선수 구성은 90퍼센트 이상 같았다. 허들과 헌팅턴은 2013년 FA 영입 비용으로 1,500만 달러 정도만 쓸 수 있었다. 뛰어난 선발 투수나 중심 타선에 들어갈 타자 한 명도 사 오기 어려운 금액이었다.

데이터는 사람의 시선이 집중하지 않는 곳을 보여준다. 헌팅턴은 파이리츠의 비효율적인 수비부터 바꾸자고 했다. 그 시작이 수비 시프트였다. 당시 MLB에는 타구가 날아간 지점을 분석한 스프레이 차트spray chart 등의 데이터가 쌓이고 있었다. 이 데이터는 일부 왼손 타자에게 사용하는 '윌리엄스 시프트'로는 충분하지 않다는 걸 보여주었다. 타자와 투수, 경기 상황에 따라 타구를 세분화해 분석하면 최적의 수비 위치가 나왔다. 이런 데이터를 확보하는 것과 활용하는 건 전혀 다른 문제다. 선수들이 오랫동안 섰던 위치를 떠나는 건 전통과 습관을 버리는 것이기 때문이다. 단지 10m 정도를 이동하는 게 그래서 쉽지 않았다. 그걸 지시하는 감독과 코치도 마찬가지였다.

강팀은 이미 훌륭한 자원과 매뉴얼을 가지고 있다. 고정관념을 깨고 혁신을 시도하는 팀은 대개 약팀이다. 그래서 허들은 헌팅턴의 제안을 받아들였다. 파이리츠의 변화는 여기서부터 시작됐다.

테드 윌리엄스는 생각보다 많았다

야구 데이터 업체 BISBaseball Info Solutions는 MLB 타자들이 때린 땅볼의 73퍼센트는 당겨 친 타구라는 걸 발견했다. 라인 드라이브line drive(직선에 가까울 정도로 강하고 낮은 타구) 중에서는 55퍼센트, 뜬공 중에서는 40퍼센트가 당겨 친 타구였다. 땅볼 타구의 73퍼센트가 한쪽(왼손 타자라면 그라운드 오른쪽)을 향한다는 건 생각했던 것보다 매우 높은 비율이다.

MLB 그라운드의 면적은 평균 1만 2000m²다. 야구 룰에 따르면, 투수와 포수를 제외한 수비수 7명은 페어지역 어디에든 위치할 수 있다. 그러나 수비수들의 자리는 거의 고정되다시피 해왔다. 이 넓은 야구장의 한 곳을 텅 비워놓는 건 수비팀 입장에서는 너무 불안한 일이기 때문이다. 그래서 내야수 4명과 외야수 3명이 일정한 거리를 유지하며 수비 위치를 잡아왔다. 100년 넘게 말이다. 데이터는 다른 말을 하고 있었다. 타구가 갈 확률이 높은 곳에 수비수를 집중적으로 배치하는 게 효율적이라는 근거를 보여줬다. 당겨 치는 땅볼을 많이 때리는 '윌리엄스 스타일의 타자'는 우리가 생각하는 것보다 많다.

감독 한 사람이 변화를 받아들였다고 팀 전체가 바뀌는 건 아니다. 그래서 허들과 헌팅턴은 데이터 전문가와 코치, 선수들이 일상적으로 소통하는 자리를 마련했다. 가장 이상적인 건 이들이 친구처럼 지내며 서로를, 궁극적으로는 서로의 정보를 신뢰하게 만드는 거다. 물론 말처럼 쉽지는 않았다. 2013년 2월 스프링캠프부터 본격적으로 적용한 시프트는 플레이의 주체인 선수들을 혼란에 빠뜨렸다.

"저곳을 저렇게 비워둬도 되는 거야?"

"스프레이 차트를 봐. 우린 당연한 일을 하는 거라고."

"어색해도 일단 해. 해보고 판단하자고."

이런 대화가 3월 말 정규시즌 개막 후 한 달 이상 이어졌다. 2루수 자리에 있던 유격수가, 원래 위치보다 한참 뒤로 간 2루수가 안타성 타구를 잡아내기 시작했다. 이런 경험이 쌓이고, 팀 승률이 높아지면서 선수들도 시프트의 효용을 인정하게 됐다.

허들은 2011년 정규시즌에서 시프트를 87회 사용했다. 2012년에도 105회(30개 구단 중 28위)에 그쳤다. 빅데이터 야구를 시작한 2013년엔 494회(6위)로 늘렸다. 감독과 대부분의 선수가 그대로인 팀이 1년 만에 이렇게 변하는 건 정말 놀라운 일이다. 파이리츠는 원래 수비가 약한 팀이었다. 2012년 정규시즌 팀 DRS(수비방어점)가 -42(26위)였다. 수비로 인해 평균적인 팀(DRS 0)보다 42점을 더 내줬다. 2013년 파이리츠의 DRS는 45(3위)로 올라갔다. 물론 파이리츠의 DRS 향상이 모두 시프트의 효과라고 볼 수 없다. DRS는 투수와 포수의 역량도 포함한 지표이기 때문이다.*

*DRS, UZR, OAA(3가지 수비 지표)

DRSDefensive Runs Saved는 수비로 얼마나 많은 실점을 막았는지 나타내는 지표다. 야수의 수비 위치 선정, 내야수의 번트 수비와 병살타 유도, 외야수의 송구, 포수의 포구, 투수 리드, 도루 저지 능력, 좋은 수비와 나쁜 수비 등의 값을 계산한다. 0을 평균으로 수비가 좋으면 +, 나쁘면 -로 표시한다.

UZRUltimate Zone Rating은 그라운드를 총 64개의 구역으로 나눠 타구마다 가중치를 매겨 값을 낸다. BIS 데이터에 따라 포구 확률 60퍼센트의 타구를 잡아내면 0.4점을 받고, 놓치면 0.6점을 잃는다.

MLB가 스탯캐스트를 도입한 2015년 이후에는 OAAOut Above Average를 가장 신뢰하는 추세다. OAA는 상황별 수비 확률을 계산해 성공 여부에 따라 점수를 더하고 빼며 누적한 기록이다. 수비 확률 10퍼센트 상황에서 아웃을 만들어냈다면 OAA 0.9를 더하고, 실패할 경우에는 0.1을 뺀다. OAA가 높을수록 더 좋은 수비수다. OAA는 원래 외야 수비를 측정하는 지표였으나 2020년부터 내야수도 평가하고 있다. 포구 중요성이 큰 외야수와 달리 포구와 송구 모두 중시해야 하는 내야수의 OAA 계산식이 더 복잡하다. 외야수 OAA는 수비 위치와 이동거리, 방향, 그리고 타구의 체공 시간 등을 계산한다. 내야수 OAA에는 송구해야 하는 베이스까지의 거리와 주자의 속도가 변수로 추가된다. 송구 거리가 멀고, 주자가 빠르면 수비 성공률은 떨어지기 때문이다.

UZR와 비슷한 개념이지만, OAA는 스탯캐스트 기반의 지표이기 때문에 수비수의 위치 선정까지 계산한다. 유격수가 실제로는 2루수 위치에서 포구해도 OAA는 이를 가려낼 수 있다.

파이리츠의 수비 시프트는 점점 더 고도화됐다. 수비수들의 이동 거리가 늘었고, 전체적인 모양은 극단화되었다. 2013년에는 내야수 중심의 시프트가 이뤄졌다면, 2014년에는 외야수도 많이 움직였다. 2013년, 다른 팀들은 수비 시프트가 만든 파이리츠의 변화를 목격했다. 2014년은 그래서 시프트의 시즌이었다. 2013년 30개 구단이 시도한 시프트는 총 6,881회였는데, 1년 만에 1만 3,298회로 두 배가량 늘었다. 혁신은 한 시즌 만에 리그의 변화로 이어졌다.

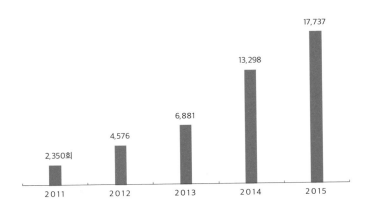

매년 증가하는 MLB 수비 시프트(자료: 팬그래프닷컴)

보이지 않는 포수의 손, 보이는 데이터

2012년 파이리츠의 팀 평균자책점은 3.86(13위)이었다. 2013년에는 팀 평균자책점이 3.25(3위)로 크게 향상됐다. 투수들이 잘 던진 이유도 있지만, 포수의 영향력이 크게 작용했다고 《빅데이터 베이스볼》은 분석했다. 피치에프엑스PITCHf/x* 덕분에 스트라이크존이 데이터로 표출되기 시작했다. 이 기록으로 인해 포수가 볼에 가까운 공을 스트라이크처럼 잡아내는 기술인 프레이밍framing**이 수치화됐다.

> *** 피치에프엑스**
> 광학 카메라를 기반으로 만든 데이터 시스템. 투수가 던진 공의 속도와 각도를 추적하는 기술이다. 이 시스템 덕분에 피칭의 시각화, 수치화가 이뤄졌다. 2006년 MLB 플레이오프에서 처음 사용하기 시작해 2008년 이후 모든 구장에서 활용됐다. 그러나 데이터의 부정확성이 있었다. PITCHf/x는 한층 더 진보된 기술인 스탯캐스트에 밀려 2017년 MLB에서 자취를 감췄다.
>
> **** 프레이밍**
> 스트라이크 경계선의 공을 스트라이크로 만드는 포수의 포구 기술. 피치 프레이밍 또는 캐처 프레이밍이라고 부르기도 한다. 심판이 스트라이크인지 볼인지 판정하기 애매한 공을 포수가 포구 자세와 미트의 움직임으로 스트라이크 콜을 받아내는 기술이다. 한국에서는 이를 '미트질'이라고 불렀다.
> 초구에 볼이 될 뻔한 공을 포수의 프레이밍으로 스트라이크를 만들었다면, 투수가 타자를 이길 확률은 그만큼 높아진다. 2019년 MLB에서 볼카운트 1볼-0스트라이크에서 타자들의 OPS(출루율+장타율)는 0.858이었고, 0볼-1스트라이크에서 OPS는 0.631에 그쳤다.

2008년, 데이터 분석을 주로 하는 미국의 '비욘드 더 박스스코어'라는 웹페이지에 프레이밍을 수치화한 기사가 실렸다. 2007년 120이닝 이상 출전한 포수 중 그렉 존Gregg Zaun의 프레이밍은 투구 150개당 팀에 0.85점을 더해주는 효과를 냈다고 한다. 반대로 제럴드 레어드Gerald Laird는 투구 150개당 1.25점의 손실을 끼쳤다. 한 팀의 경기당 투구 수가 150개 정도라고 계산하면, 포수의 프레이밍에 따라 최대 2점 이상의 차이가 난다는 뜻이다. 포수가 한 경기에서 2점을 좌우한다고? 그것도 공 배합이 아니라 프레이밍만으로? 40년 넘게 그라운드에 있었던 나도 믿기 어려운 수치였다.

포수에게 가장 중요한 기량은 공 배합이라고 나는 생각한다. 상대 타자를 분석하고, 투수의 심리를 읽어 최고의 구종과 코스를 선택하는 게 포수의 첫째 역할이다. 내가 경험한 최고의 포수는 국가대표팀에서 호흡을 맞췄던 고故 심재원 선배였다. 심재원 선배는 마치 내 생각을 다 꿰뚫는 것처럼 내가 가장 던지고 싶은 공을 먼저 요구했다. 하지만 포수의 공 배합을 지나치게 강조하다 보면 프레이밍의 가치를 간과하기 쉽다. 데이터가 그렇게 말하고 있다. 세이버메트릭스 전문 사이트 '베이스볼 프로스펙터스'에 데이터 관련 칼럼을 기고하는 마이크 패스트는 "2011 시즌 최고 수준의 포수들은 프레이밍으로 팀에 15~30득점의 가치를 만들었다. 반대로 최악의 포수들은 15점의 손실을 입혔다"고 주장했다.

패스트가 발표한 프레이밍 순위 맨 아래에는 피츠버그의 포수 라이언 더밋Ryan Doumit이 있었다. 그는 2007년부터 5년 동안 65점의 손실을 준 것으로 계산됐다. 이 기간 프레이밍 2위를 기록한 포수는 러셀 마틴Russell Martin*(70점 이익)이었다.

2012년, 마틴은 뉴욕 양키스에서 최악의 시즌을 보냈다. 홈런 21개를 때려내긴 했으나 타율이 0.211에 그쳤다. 그해 겨울 FA가 된 그가 좋은 대우를 받기 어려워 보였다. 마틴은 2012년 양키스에서 프레이밍으로 23득점의 가치를 만들었다. 그러나 파이리츠를 제외하고

* 러셀 마틴
2019년 LA 다저스에서 류현진과 배터리(투수와 포수)를 이뤄 우리에게도 친숙한 포수다. 그는 공을 잡는 기술도 뛰어나지만, 데이터를 열심히 연구하는 선수로 알려져있다. 이 점이 류현진과 좋은 호흡을 만든 비결이 아닐까 생각된다. 그렇다고 그는 데이터에만 의존하지 않는다. 상대도 비슷한 데이터를 볼 것이기 때문이다. 공 배합에는 정답이 없다고 그는 믿는다. 마틴은 "나의 공 배합은 정해진 비트도 없고, 순서도 없다. 느낌대로 간다. 슬라이더나 체인지업을 8개 연속 요구하기도 한다"고 말했다. 그의 포구와 프레이밍은 그가 좋아하는 재즈와 닮았다는 평가를 받는다.
마틴은 데이터에 기반해 경기 운영 계획을 짜지만, 승부가 시작되면 확 달라진다고 한다. 타자의 반응에 민감하게 대응하며 전략을 수정한다. 그래서 기술적이며 지능적인 포수다.
《빅데이터 베이스볼》이 묘사한 마틴과 파이리츠의 이별 장면은 매우 인상적이다. 2014년 샌프란시스코 자이언츠와 펼친 와일드카드 결정전 9회 말. 파이리츠는 0-8로 지고 있었다. 마틴은 2년 계약의 마지막 타석에 들어섰다. 파이리츠의 홈구장 PNC파크를 가득 메운 팬들이 갑자기 열광했다. 자이언츠를 이기기는 불가능해졌지만, 마틴을 뜨겁게 응원하고 싶었던 것이다. 파이리츠 팬들은 "마틴과 재계약을!"이라고 목이 터져라 소리쳤다. 2013년과 2014년 파이리츠를 플레이오프로 이끌어준 그가 너무나 고마웠기 때문이었다. 경기 후 마틴은 "야구 인생에서 가장 행복했던 순간"이라고 감격해했다.

이 지표에 관심을 갖는 구단은 없었다. 파이리츠는 마틴과 2년 총액 1,700만 달러에 계약했다. 구단이 정한 FA 영입 예산을 다 쏟아부으며 그를 영입했다. 파이리츠는 당시 아무도 관심을 갖지 않았던 프레이밍 데이터를 활용해 오프시즌 가장 중요한 결정을 한 것이다. 팬들은 깜짝 놀랐다. 〈피츠버그 트리뷴-리뷰〉 등 지역 언론은 구단을 비난했다.

팬그래프닷컴에 따르면 2012년 파이리츠의 프레이밍은 -42(29위)였다. 마틴이 주전 포수로 활약한 2013년엔 9.4(6위)로 크게 높아졌다. 마틴을 영입했을 때 파이리츠 구단을 비난했던 기자는 6개월 만에 "최고의 계약이었다. 마틴에게 주는 동전 한 닢도 아깝지 않다"는 기사를 썼다.

마틴은 2년 만에 파이리츠를 떠났다. 그의 2013년 WAR Wins Above Replacement (대체선수 대비 승리기여도)*는 팬그래프닷컴 기준으로 5.4에 이르렀다. 2014년에는 6.2나 됐다. MLB 전문가들은 WAR 1의 가치를

---

* WAR

같은 포지션에서 대체할 수 있는 선수(마이너리그에서 불러올 수 있는 선수나 외부에서 즉시 영입 가능한 선수)보다 팀에 얼마나 많은 승리를 주는지를 계산한 값. 예를 들어 유격수와 1루수의 타격 성적이 같다면, 유격수의 WAR이 더 높다. 수비 부담이 큰 유격수는 대체 선수의 생산력이 낮기 때문이다. WAR은 선수의 가치를 종합적으로 판단하기 위해 최근 많이 쓰이는 지표다. 0보다 높으면 평균 이상의 선수로 본다. 공식이 복잡하고 통계 업체마다 조금씩 다른 공식을 써서 결과에도 약간 차이가 있다.

500만 달러 정도로 본다. 1,700만 달러에 계약한 2년 동안 WAR 10 이상을 기록한 마틴은 5,000만 달러 이상의 가치를 팀에 안긴 것이다. 파이리츠는 빅데이터를 바탕으로 마틴의 가치를 알아봤고, 마틴은 기대 이상으로 활약했다. 파이리츠와 마틴은 서로 윈윈 효과를 누렸지만, 비즈니스는 비즈니스다. 마틴은 그해 겨울 토론토 블루제이스와 5년 총액 8,200만 달러에 계약했다.

2013 시즌을 준비하는 파이리츠는 투수 보강도 절실했다. 그러나 마틴을 영입하는 데 예산을 다 썼으니 큰돈을 지출할 수 없었다. 그러나 마틴의 프레이밍과 효과적인 수비 시프트 덕분에 기존의 투수가 성장하는 효과가 있었다. 프란시스코 리리아노Francisco Liriano, A. J. 바넷A. J. Burnett, 찰리 모튼Charles Morton 같은 선발 투수들이 전보다 좋은 성적을 올렸다. 그리고 특급 유망주 게릿 콜도 빅리그에 데뷔했다. 리리아노는 탈삼진 능력이 뛰어나지만, 볼넷도 많이 내주는 유형이었다. 그는 파이리츠의 뛰어난 투수코치와 마틴의 프레이밍 덕분에 2013년 16승 8패 평균자책점 3.02를 기록했다.

바넷과 모튼은 땅볼 유도에 효과적인 투심 패스트볼을 적극적으로 활용했다. 피츠버그 구단은 빅데이터를 통해 어떤 공을 어디로, 얼마나 빠르게 던져야 땅볼이 나오는지 분석하여 거의 모든 투수에게 투심 패스트볼을 던지도록 했다. 이게 상당한 성과를 거뒀다. 삼진을 잡는 데에는 투구 수가 최소 3개가 필요하지만, 땅볼은 공 한두 개로도 아웃카운트를 잡을 수 있다는 게 파이리츠의 철학이었다. 투수들의 땅볼 유도 전략은 파이리츠의 수비 시프트와 결합해 큰 효과를 냈다.

나로서는 꽤 의문이 드는 대목이었다. 모든 투수에게 새 구종을 가르칠 수 있지만, 모든 투수가 새 구종을 잘 던질 수는 없다고 생각하기 때문이다. 이건 선수의 노력과 코치의 능력만으로 되지 않는다. 그보다는 투수의 폼과 신체 특성이 성패를 좌우한다. 투심 패스트볼은 전형적인 오버핸드overhand(머리 위 높이에서 공을 내리꽂듯 던지는 투구로 대부분의 투수가 이 유형이다) 투수가 던지기 어려운 공이다. 던지는 팔 각도가 아래로 조금 떨어져야 공의 좌우 움직임이 생겨 투심 패스트볼을 던지기에 용이하다. 또 손가락이 길어야 유리하다. 더 많은 땅볼을 유도하고 싶다면, 그런데 투심 패스트볼을 익히기 어렵다면 체인지업 등 다른 구종을 활용해야 한다.

수비 시프트와 '땅볼 투수'의 결합

2013년 8월 파이리츠는 좌익수 스탈링 마르테Starling Marte의 부상 등으로 고전하고 있었다. 9월 3일 밀워키 브루어스를 꺾고 시즌 81승을 거둬 5할 승률을 확보했으나, 82승 문턱에서 여러 악재가 터졌다. 파이리츠의 역사적인 승리를 이끈 주인공은 당시 23세였던 콜*이었다. 그의 포심 패스트볼 평균 구속(시속 155km)은 2013년 MLB에서 가장 빨랐다. 여기에 커브까지 장착하면서 정상급 투수로 올라서고 있었다. 9월 9일 텍사스 레인저스와의 원정 경기. 상대 선발 다르빗슈 유Darvish Yu와의 투수전에서 콜은 7이닝 무실점으로 역투, 1-0의 승리를 따냈다. 파이리츠는 21년 만에 위닝 시즌을 기록했다.

*게릿 콜

2019 시즌이 끝난 뒤 MLB 역대 투수 최고액인 9년 총액 3억 2,400만 달러에 뉴욕 양키스와 계약한 초대형 투수. 193cm·113kg의 좋은 체격과 강속구를 가졌다. 2011년 드래프트 전체 1순위였던 콜은 파이리츠의 지명을 받고 2013년 빅리그에 데뷔했다.

그의 고향인 미국 캘리포니아 남부는 1년 내내 날씨가 따뜻하다. 천혜의 환경에서 자라는데도 이 지역 출신 투수들은 어릴 때 팔꿈치 수술을 받는 비율이 미국에서 가장 높다고 한다. 날씨가 좋아서 시즌이 아닌 때도 쉬지 않고 공을 던지기 때문이다.

캘리포니아 산타아나 출신의 콜은 병리학자인 아버지 마크의 계획대로 훈련했다. 마크는 아들에게 1년 중 두 번은 2개월씩 휴식기를 줬다. 그리고 아들이 리틀 야구에서 뛸 때부터 투구 수를 관리했다.

UCLA 대학 시절에도 콜은 변화구를 거의 던지지 않았다. 패스트볼의 제구를 잡는 게 가장 중요하다고 믿었다. 이는 파이리츠 구단의 투수 육성 기조와도 잘 맞았다. 콜은 마이너리그에서 패스트볼과 체인지업을 주로 던졌다. MLB에 올라와서 커브를 사용하기 시작했다. 커브가 다른 구종보다 투수의 팔에 주는 피로가 크다고 파이리츠는 판단하는 것 같다. 2013년 콜은 시즌 끝까지 지치지 않고 강한 공을 던졌다. 그해 9월에 10승 중 4승을 따냈다.

혁신은 마음을 얻는 것부터

파이리츠는 9월 23일 시카고 컵스와의 원정 경기에서 승리하고 포스트시즌 진출을 확정했다. 시즌 막판 세인트루이스 카디널스의 뒷심에 밀려 내셔널리그 중부 지구 우승에는 실패했다. 정규시즌 성적은 94승 68패(승률 0.580). 파이리츠는 와일드카드 결정전에서 추신수의 소속팀이었던 신시내티 레즈를 6-2로 이기고 디비전시리즈에 진출했다. 파이리츠는 디비전시리즈에서 카디널스에 2승 3패로 졌다. 허들은 우승 감독이 아니었지만, 그해 내셔널리그 '올해의 감독'으로 선정(30표 중 25표 득표)됐다. 또 허들은 세이버메트릭스를 즐기는 팬들이 선정하는 '인터넷 베이스볼 어워즈'에서도 내셔널리그 '올해의 감독'으로 뽑혔다. 1년 전만 해도 상상하기 어려운 일이었다. 헌팅턴은 내셔널리그 올해의 단장 2위에 올랐다.

파이리츠는 2014년에도 88승 74패(승률 0.543)를 기록하며 지구 2위에 올랐다. 와일드카드 결정전에서 샌프란시스코 자이언츠에 0-8로 졌다. 2015년에는 98승 64패(승률 0.605)로 역시 지구 2위를 기록하며 3년 연속 가을 야구를 경험했다. 허들과 헌팅턴이 합작한 빅데이터 바탕의 야구는 한 시즌만 반짝한 게 아니었다. 스몰마켓의 언더독이 어떻게 강해질 수 있는지를 보여줬다.

《빅데이터 베이스볼》덕분에 2013년 이후 파이리츠의 성공 비결을 엿볼 수 있었다. 팀은 단기간에 바뀌기 어렵다. 피츠버그의 성공도 하루아침에 이뤄진 게 아닐 것이다. 헌팅턴이 2007년 단장으로 부임한 후 데이터 기반의 팀을 만들기 위해 꾸준히 노력한 덕분이었다. 허들도 기꺼이 새로운 영역에 도전하는 자세를 가지고 있었다. 빅데이터를 활용한 파이리츠는 MLB에서 대단한 혁신을 이뤄냈다. 그런데 내가 더 놀란 건 불과 1~2년 만에 보여준 다른 팀들의 반격이었다. 수비 시프트의 증가만 봐도 다른 구단들이 파이리츠의 전략을 얼마나 빠르게 흡수하고 대응책을 찾았는지 알 수 있다.

이 책에 나온 파이리츠의 전략은 이젠 비책이 아니다. 스탯캐스트 등장 후 각 팀들은 더 정확하고 방대한 데이터를 활용하고, 수비 시프트는 날로 정교해지고 있다. 타자들이 뜬공을 치려고 노력하면서 땅볼 유도 전략은 예전처럼 효과적이지 않다. 플라이볼은 시프트를 무력화하고 있다. 이게 불과 몇 년 만에 일어난, 연속된 변화다.

기술은 지금도 계속 발전하고 있다. 스탯캐스트 데이터는 한 시즌에 수억 개씩 쌓인다고 한다. 이에 따라 데이터 전략은 계속 바뀔 것이다. 중요한 건 역시 사람이다. 그리고 사람의 의지다. 새로운 걸 받아들이고 변화를 두려워하지 않는 개척정신, 또는 도전정신이다. 2013년의 파이리츠는 그걸 잘 보여줬다. 파이리츠가 수비 시프트를 받아들이는 과정이 내겐 매우 흥미로웠다. 투구나 타격 기술은 개인의 의지와 노력으로 바꿀 수 있다. 그러나 수비 시프트는 전혀 다르다. 그라운드에 있는 선수 9명과 코치, 감독, 단장까지 합심해야 한다.

지금은 한국에서도 수비 시프트가 보편화됐지만 그 과정은 쉽지 않았다. 난 해태 타이거즈에서 뛸 때 시프트의 도움을 많이 받은 투수였다. 내가 던질 때 오른손 타자가 타석에 서면 우익수 김종모 선배가 전진해 2루수 뒤에 섰다. 지금으로 치면 '2익수(2루수와 우익수 사이)' 위치다. 오른손 타자가 내 빠른 공을 밀어 쳐 우익수 키를 넘기는 경우는 거의 없다는 경험에서 나온 시프트였다. 그래서 내가 등판하면 '우익수 앞 땅볼 아웃'이 꽤 많이 나왔다. 문제는 시프트가 실패했을 때다. 짧은 플라이가 우익수를 넘어가면 대부분 3루타가 됐다. 그럴 때는 시프트로 이익을 본 기억을 다 잊는 법이다. 시프트가 손해보다 이익이 크다는 걸 알아도 속이 상했다.

내가 감독을 맡을 때도 시프트를 적극적으로 하지 않았다. 수비코치가 꼭 필요하다고 할 때만 적용했다. 투수들이 시프트를 꺼리는 것을 누구보다 내가 잘 알았기 때문이다. 2013 시즌 말 어느 경기에서 파이리츠 투수 버넷은 유격수 클린트 바메스Clint Barmes에게 크게 화를 낸 적이 있었다. 경기 후 버넷은 "바메스가 아니라 시프트에 불만이 있는 것"이라고 토로했다. 그해 버넷은 개인 최저 평균자책점(3.30)을 기록할 만큼 좋은 투구를 보였다. 시프트가 안타성 타구 2~3개를 잡아내도, 아웃이 될 타구 1개를 빠뜨리면 대부분의 투수들은 분노한다.

버넷의 사례는 강한 시프트가 보편화되는 과정에서 일어난 일이다. 전체 타석의 30퍼센트 이상 시프트가 걸리는 현재(2020년 스탯캐스트 기준 34.1퍼센트)도 투수가 수비수 또는 수비코치와 언쟁하는 모습이 가끔 보인다. 수비 시프트가 효과적이라는 데이터를 아무리 보여줘도, 이를 납득하지 못하는 투수들이 적지 않다. 이걸 나무라기도 어렵다. 인간은 누구나 손실 회피 편향이 있기 때문이다. OX 퀴즈에서 이기면 1만 원을 얻고, 지면 5,000원을 잃는다고 하면 대부분의

선동열 야구학

사람이 이 게임에 참여하지 않는다는 연구 결과가 있다고 한다. 같은 확률로 더 큰 이익을 얻을 수 있어도, 인간은 이익보다 손실에 더 민감하다.

이는 단지 시프트에만 적용되는 문제는 아닐 것이다. 선수와 코치, 감독에게 변화를 주문하는 건 어쩌면 자신의 커리어를 부정하는 것으로 받아들여질 것이다. 그러는 동안, 지금도 그라운드에서는 어마어마한 데이터가 쌓이고 있다. 정보와 기술 경쟁에서 낙오하면 왜 졌는지도 모르고 패배하는 시대가 왔다. 빅데이터 야구라는 시류는 누구도 거스를 수 없게 되었다.

길은 정해졌다. 어느 팀이 정보를 선점하고, 도전적으로 현장에 적용하느냐에 따라 성공과 실패가 갈린다. 선배나 지도자의 권위보다 빅데이터의 정확성이 더 필요한 시대. 나는 이럴 때일수록 소통과 신뢰가 더 중요하다고 생각한다. 프런트 오피스(구단 운영진)와 코칭스태프가 서로 믿고 나아갈 방향을 정하는 것, 이를 바탕으로 선수들을 하나로 모으는 것이 빅데이터 시대의 리더십이기 때문이다.

4th Inning

타자들의 반격 무기
'어퍼컷'에 관한 비밀

김광현 피칭에서 행운은 몇 퍼센트일까?

2020년 김광현이 MLB 세인트루이스 카디널스에 입단해 아주 좋은 성적을 올렸다. 코로나19로 인해 시즌이 단축된 가운데 8경기에 등판하여 3승 무패 1세이브 평균자책점 1.62를 기록했다. 김광현은 오랫동안 MLB 진출을 꿈꿨다. 데뷔 초에는 다소 긴장했지만, 점차 씩씩하게 투구하는 그를 보고 기분이 좋았다. KBO리그에서보다 완급 조절에 신경 쓰며 공을 던지는 모습도 인상적이었다. 그러던 중 2020년 9월 팬그래프닷컴에서 색다른 시각의 기사를 봤다. 8월까지 4경기(선발 등판은 3경기)에 나선 김광현은 9이닝당 탈삼진 3.8개, BABIPBatting Average on Balls in Play* 0.189, 평균자책점 1.08을 기록 중이었다. 따라서 탈삼진율이 유지되고, BABIP이 정상화된다면 김광현의 평균자책점은 크게 오를 것이라고 이 매체는 전망했다.

이 매체의 기사를 요약하면, 김광현의 피칭에는 운이 따랐다는 것이다. 또한 수비수의 도움을 다른 투수보다 더 받았다는 의미이기도

*BABIP
인플레이 타구의 타율. 삼진과 홈런을 제외하고 타율 계산에 들어가는 모든 타구와 희생플라이를 반영한 값이다. 타자가 5타수 2안타(1홈런) 1삼진을 기록했다면 타율은 0.400이고, BABIP은 0.333이다. 투수가 홈런과 삼진에 관여할 뿐 인플레이 타구의 타율은 수비와 행운 때문에 모든 타자가 비슷하다는 개념에서 출발했다. BABIP 공식은 (안타-홈런) / (타수-삼진-홈런+희생플라이)이다.

했다. 우리 야구팬들이 '바빕신BABIP 神'이라 부르는 용어가 이 기사에 등장했다. 이 매체의 전망은 반쯤은 맞은 것 같다. 김광현은 이후 4경기에 더 등판했다. 그는 9이닝당 탈삼진 5.4개, BABIP 0.217로 시즌을 마무리했다. 평균자책점이 높아지긴 했지만 매체가 예상한 폭등 수준은 아니었다.

그해 10월 김광현은 귀국 기자회견에서 "결과가 좋으면 운이 따랐다는 얘기도 나온다. 포수의 도움이 컸다는 말도 들을 것이라고 생각했다. 운도 실력이라고 생각한다. 메이저리그에 진출하기 위해 노력했으니 운도 따른 것"이라고 말했다. 겸손하면서도 자신감 넘치는 모범답안이었다.

김광현은 이 자리에서 "말이 되지 않는 평균자책점"이라는 말도 했다. 2019년 KBO리그 SK 와이번스에서 뛸 때 그의 평균자책점이 2.51(17승 6패)이었는데, 1년 후 MLB에서 더 좋은 기록을 냈으니 그럴 만도 했다. 예전 같으면 "운이 좋았다"라고 끝낼 일이었다. "다른 리그에 갔으니 상대 타자가 김광현을 경험하고 분석할 기회가 적었다"라고 말할 수도 있다. "최고의 포수 야디어 몰리나Yadier Molina의 도움을 많이 받았다"는 평가도 가능하다.

2020년 김광현의 피칭을 보면 수비 시프트 때문에 안타가 된 타구가 몇 개 보였다. 동시에 수비 시프트가 성공해 잘 맞은 타구가 외야에서 잡히는 것도 봤다. 행운과 불운은 언제나 교차된다. 둘 중 어느 것이 더 강하게 작용했는지를 알기 위해 BABIP이라는 지표가 생겼다.

선동열 야구학

'바빕신'은 실재하는가

이 질문은 20년 전에 등장했다. 보로스 맥크라켄Voros McCracken 이라는 세이버메트리션이 '투수는 자신이 허용한 안타에 대해 얼마나 책임이 있는가'라는 의문을 가지고 각종 상관관계를 연구했다. 그는 인터넷 커뮤니티에 BABIP이라는 개념을 소개했다. 맥크라켄은 "투수는 인플레이된(페어지역에 떨어진) 타구가 안타가 되는 걸 막을 능력이 없어 보인다. 투수가 통제할 수 있는 것은 삼진과 사사구, 홈런뿐"이라고 썼다. 그의 주장에 유명한 세이버메트리션들도 매우 놀랐다고 한다. 대부분 그의 의견에 동의하지 않았다. 이 개념을 처음 들었을 때 나도 황당했다. 시속 150km의 공을 받아친 인플레이 타구와 시속 100km의 공을 때려 페어지역으로 날아가는 타구의 타율이 거의 같다는 걸 인정하기 어려웠다. 그렇다면 "타자를 맞혀 잡을 줄 안다"는 옛말은 완전히 틀린 것 아닌가?

맥크라켄은 투수와 타자의 진짜 실력을 알기 위해 BABIP이라는 지표를 개발했다. 선발 투수의 승리는 동료들의 타격과 수비력으로 결정될 수 있고, 구원 투수의 평균자책점은 다음 투수가 승계주자(이전 투수가 출루를 허용한 주자)의 득점을 얼마나 억제하느냐가 중요하게 작용하기 때문이다. 투수가 운 없이 텍사스 안타Texas hit (빗맞은 타구가 수비수들 사이에 떨어진 안타)를 맞을 수 있다. 실책으로 기록되지 않았지만, 수비수가 잡을 수 있는 공을 놓치는 일도 자주 일어난다. 이런 이유로 그는 BABIP과 함께 DIPSDefense Independent Pitching Statistics

(수비 무관 투구 지표)도 발표했다. 맥크라켄이 투수와 타자의 진짜 실력을 알기 위해 BABIP이 필요하다고 주장한 근거는 두 가지였다.

먼저 같은 리그에서 뛰는 수준의 투수들은 모두 일정한 수준의 BABIP을 기록한다. MLB에서 이 값은 0.290~0.300 사이로 유지된다. 팬그래프닷컴 기사가 김광현의 2020년 성적에 행운과 수비의 도움이 많이 따랐다고 주장하는 근거가 여기에 있다. 그렇지 않다면 BABIP이 0.189에 불과하다는 건 설명하기 어렵다는 것이다. 실제로 김광현이 4경기 더 등판한 뒤 BABIP은 0.217로 상승했다. 이 기간 평균자책점도 1.08에서 1.62로 올랐다. 투수들이 한 시즌(선발 투수의 경우 보통 30차례 등판)을 뛰면 BABIP은 결국 0.290~0.300에 수렴된다는 게 맥크라켄의 주장이다. 2020년 김광현의 선발 등판은 7차례뿐이었으니 정상적으로 시즌을 치렀다면 BABIP이 상승했을 수 있다.

두 번째 근거는 타자는 실력에 따라 커리어 내내 비슷한 수준의 BABIP를 유지한다는 것이다. 모든 투수의 BABIP 값은 어느 정도 일정하지만, 타자는 능력에 따라 다른 BABIP을 기록한다는 것이다. 타자 BABIP에 영향을 미치는 요소는 타구 비거리, 콘택트 능력, 라인드라이브 비율, 그리고 1루까지 달리는 스피드 등이다.

'바법신'의 진실을 찾기 위해 김광현의 2015년 이후 기록을 팬그래프닷컴에서 찾아봤다. 2020년을 제외하면 김광현의 BABIP은 대체로 일정했다.

반대의 경우도 있다. 맥크라켄은 BABIP을 연구하면서 '컨트롤의 마법사' 그렉 매덕스Greg Maddux의 평균자책점이 1999년 갑자기 올라간 이유를 살폈다. MLB에서 가장 꾸준하며 안정적인 투수인

연도(소속)	BABIP	평균자책점(이닝)
2015(SK)	0.304	3.72(176⅔)
2016(SK)	0.303	3.88(137)
2018(SK)	0.290	2.98(136)
2019(SK)	0.335	2.51(190⅓)
2020(세인트루이스)	0.217	1.62(39)

* 2017년은 부상으로 투구 기록 없음

김광현의 BABIP 변화(자료: 팬그래프닷컴)

그는 1993~2003년 애틀랜타 브레이브스에서 뛰며 최전성기를 달렸다. 1999년 19승 9패를 거둔 그의 피안타율은 0.294, 평균자책점은 3.57에 이르렀다. 1998년(18승 9패, 피안타율 0.220, 평균자책점 2.22), 2000년(19승 9패, 피안타율 0.238, 평균자책점 3.00)과 비교하면 1999년 기록은 미스터리했다. 맥크라켄은 이를 BABIP 때문이라고 봤다. 23년 통산 BABIP이 0.281이었고, 전성기 BABIP이 0.250~285였던 매덕스는 1999년에 매우 불운했다는 것이다. 수비의 도움도 받지 못해 피안타율과 평균자책점이 크게 올랐다. 그리고 이듬해 제자리를 찾았다.

이 기록을 보니 팬들이 왜 '바빕신'이라고 부르는지 알 것 같았다. 2020년 김광현처럼 시즌 BABIP이 통산 기록보다 월등히 낮다면 바빕신의 가호가 깃든 것일까? 1999년 매덕스처럼 BABIP 값이 갑자기 치솟으면 바빕신에게 버림을 받은 것일까?

MLB에서 이 논쟁은 10년 넘게 이어졌다. 지금은 맥크라켄의 의견을 어느 정도 받아들인 것 같다. 세이버메트리션들이 여러 경로로 검증한 바에 따르면, BABIP에 투수 책임이 없지는 않다. BABIP 값에 투수의 영향력은 20~30퍼센트, 타자의 영향력은 40~50퍼센트 정도라고 한다. 나머지는 바빕신, 즉 행운의 몫이다.

강하고 정확하게 날아오는 공을 안타로 때려내기 어렵다는 건 진리다. 아울러 투수가 유리한 볼카운트에서는 인플레이 타구를 허용해도(타자가 장타를 노리기보다 공을 정확하게 맞히는 데 집중하기 때문에) 피안타율이 낮을 것이다. BABIP에는 이런 계산이 빠졌다. 따라서 2020년 김광현이 거둔 성적도 폄하할 이유가 별로 없다. "운도 실력이다"라는 김광현의 말이 정답에 가까운 것 같다.

국내 통계 사이트 '스탯티즈'에서 찾아본 나의 KBO리그 통산 BABIP은 0.241이었다. 1993년 내 BABIP은 0.194로 커리어 최저였다. 당시 내 평균자책점은 0.78로 규정 이닝을 채운 시즌 중 가장 좋았다. 1년 전 어깨 부상으로 본의 아니게 휴식한 데다, 선발 투수에서 마무리 투수로 전환하면서 더 강한 공을 던진 덕분이었다. 1994년 내 BABIP은 0.284로 치솟았다. 평균자책점도 내 커리어 사상 가장 높았던 2.73이었다. 생각해보니 그럴 만했다. 그해 난 허리 부상으로 내내 고생했다. 패스트볼 평균 구속이 예년보다 꽤 떨어졌다. 내 기록을 봐도, 투수가 BABIP에 어느 정도 영향을 끼친다는 건 분명한 것 같다.

BABIP 논쟁과 '플라이볼 혁명'

"인플레이 타구는 투수의 책임이 아니다"라는 맥크라켄의 주장이 모두 옳지 않더라도, 그가 촉발한 논쟁은 상당한 의미가 있다고 생각한다. 여러 사람이 다양한 관점에서 BABIP을 놓고 오랫동안 갑론을박을 벌였기 때문이다. 이 과정에서 각자 고정관념을 깨고 사실을 탐구하려 노력했다. 그렇게 야구는 또 한 걸음을 내디뎠다.

2013년 9월 칼럼니스트 러셀 칼튼은 베이스볼 프로스펙터스에 '무작위성을 다시 생각한다: 투수와 그들의 BABIPRethinking Randomness: Pitchers and Their BABIPs'이라는 글을 썼다. 꽤 오래 이어진 BABIP에 대한 논란을 수학적으로 분석한 글이다. '수포자'인 내가 다 이해할 순 없었지만, 핵심 내용은 앞에 기술한 BABIP 값에 영향을 미치는 투수와 타자, 수비와 행운 요소를 계산한 것이었다. 이 칼럼에서 눈에 띄는 자료는 타구 유형별 타율이었다. 2012년 MLB 데이터를 기준으로 라인 드라이브의 타율은 0.709에 이르렀다. 땅볼 타율은 0.238, 뜬공 타율은 0.131이었다.

2013년 2월 스포츠 전문 매체 'ESPN'의 'BABIP의 뉘앙스 이해하기understanding BABIP's nuances'라는 칼럼에는 타구 강도별 BABIP 값이 나와 있다. 하드 콘택트hard contact(잘 맞은 타구)의 BABIP은 0.623, 미디엄 콘택트medium contact(보통 타구)의 BABIP은 0.370, 소프트 콘택트soft contact(빗맞은 타구)의 BABIP은 0.146였다. 물론 타구 강도를 3가지로 딱 잘라 나누는 건 무리가 있는 것 같다. 계산법도 몇 번 바뀐 것

으로 알고 있다. 2015년 스탯캐스트 도입 후 하드 히트hard hit의 기준
은 배트에서 나가는 속도가 시속 95마일(152km) 이상의 타구를 가리
킨다. 강한 타구가 안타가 될 확률이 높은 건 너무나 당연하다. 그래
도 타구 유형과 강도에 따른 타율과 BABIP을 분석하니 추상적이었
던 관념이 더 선명해졌다.

타자는 강한 타구를 날려야 한다. 그리고 땅볼은 위험하다. 가급
적 공을 띄워야 한다. 빅데이터에 의하면 전체 타구의 40퍼센트 이상
을 차지하는 땅볼 타율은 0.200을 겨우 넘는다. 내야 그라운드 상태
는 1980~1990년대보다 훨씬 좋아졌다. 거의 모든 팀이 강력한 수비
시프트를 걸어 땅볼을 효과적으로 막아내고 있다. 땅볼은 점점 비효
율적인 타구가 되고 있다. 앞의 기록에서 보듯 가장 효과적인 타구는
라인 드라이브다. 뜬공 타율은 낮지만, BABIP 계산에는 홈런이 빠
졌다. 뭐가 됐든 땅볼보다 낫다는 인식이 보편화됐다.

타자 입장에서는 생존을 위한 길을 찾아야 했다. MLB 투수들의
공은 갈수록 빨라지고 있으며, 빅데이터의 도움을 받은 수비는 더 촘
촘해지고 있다. 이는 야구의 매력 중 하나인 투·타의 팽팽한 균형을
깨기 시작했다. 타자들의 힘과 기술도 향상됐지만, 갈수록 빨라지는
패스트볼 속도를 따라가지는 못했다. 투수가 타자를 압도하려는 순
간, 타자도 반격 무기를 찾았다. 투수의 공격, 그리고 타자의 반격은
150년 야구 역사에서 늘 반복된 일이다. 그게 야구의 묘미다.

강속구에 대응하기 위해 타자들이 타구의 발사 각도를 높이려는
움직임을 '플라이볼 혁명'이라 부른다. 이 단어를 처음 보고 조금 놀
랐다. 야구팬들에게 플라이볼(뜬공)이 낯선 단어도 아닌데, 혁명이라

고 표현하는 이유가 궁금했다. 플라이볼 혁명은 2017년 전후로 MLB
에 등장한 이론이다. 요즘에는 KBO리그와 일본에서도 화제다. 어느
리그를 막론하고 홈런 선두권에 있는 타자들은 대부분 어퍼컷uppercut
(투구를 아래에서 위로 올려치는) 스윙을 한다. 중심타자가 아닌 선수들
도 유행처럼 따라하고 있다.

타자들이 어퍼컷 스윙을 하는 이유를 크게 세 가지로 꼽을 수
있다. 수비 시프트의 고도화로 인해 땅볼 타율이 내려가고 있고, 투수
들이 투심 패스트볼, 체인지업 등 아래로 떨어지는 변화구를 많이 던
져 타자의 스윙 궤적이 달라질 필요가 있었으며, 강한 투수를 이겨내
기 위해 타자는 연속 안타가 아니라 홈런 등의 장타를 노리는 전략이
효과적이기 때문이다.

2019년 워싱턴 내셔널스를 월드시리즈 챔피언으로 이끈 맥스 슈
어저Max Scherzer는 〈워싱턴포스트〉와의 인터뷰에서 "강속구 투수를
공략할 수 있는 유일한 방법은 펜스를 겨냥하고 홈런을 노리는 것
이다. 요즘 투수들은 너무 빠른 공을 던진다. 그리고 끔찍한 변화구를
갖고 있다. 6타자 연속 안타 같은 장면은 이제 나오지 않는다. 연속
안타를 기대하는 건 최선이 아니다"라고 말했다. 실제로 야구는 그렇
게 변했다. 땅볼이 아니라 뜬공을 날려야 타자의 생산성이 높아진다
는 사실을 여러 데이터가 입증하고 있다. 타자들은 어떤 대가(삼진)를
치르더라도 타구를 띄워야 한다는 게 플라이볼 혁명의 핵심이다.

MLB의 최근 데이터를 보면 이런 현상이 심화하고 있음을 알 수
있다. 타자들이 삼진을 더 자주 당하는 반면, 홈런 또한 증가하는 것
이다. 2015년 MLB 타자들이 한 타석에서 삼진을 당할 확률은 20.4퍼

센트였다. 이 수치가 점점 올라 2019년 23.0퍼센트, 2020년 23.4퍼센트를 기록했다. 투수들의 패스트볼 평균 스피드와 비례해 삼진율이 꾸준히 상승하고 있다. 놀랍게도 이런 상황에서 MLB의 홈런도 증가하고 있다. 2015년 0.027개였던 타석당 홈런이 점차 증가해 2019년 0.037개가 됐다. 이 해 MLB 정규시즌 2,430경기에서 6,776홈런이 쏟아졌다. 역사상 가장 많은 홈런이 나온 것이다.

1990년대 말부터 2000년대 초까지 적잖은 MLB 타자들이 금지 약물인 스테로이드를 복용했다는 사실이 밝혀졌다. 그 최고조였던 2000년에는 홈런 5,693개가 터졌다. 그런 '약물의 시대'보다 '강속구의 시대'에 홈런이 더 많이 나오는 이유는 뭘까.

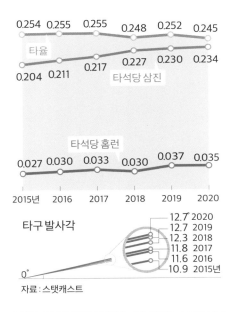

홈런과 삼진이 함께 증가하는 MLB(자료: 스탯캐스트)

MLB 전문가들은 여러 시각으로 이 현상을 분석하고 있다. 그중 하나가 공인구의 변화다. 공의 가죽이 매끄러워졌고, 솔기 높이가 낮아져 타구가 공기 저항을 덜 받는다는 것이다. 그러나 MLB 사무국은 "공의 반발력 검사 결과 이상이 없다"고 해명했다. 여기에는 여전히 논란이 있다. 홈런만 늘었을 뿐 MLB 타자들은 투수에게 여전히 밀리고 있다. 2015년 0.254였던 리그 전체 타율은 반등하지 못하고 있다.

타자들의 반격, 발사각 상향

2017~2018년 KBO리그에서는 홈런과 타율이 동시에 늘어났다. KBO는 야구공의 반발력을 낮추는 정책으로 불균형을 해소하고 있다. MLB에서 홈런이 급증한 것도 공의 반발력 때문이었을까? MLB 전체 타율은 역대 최저 수준으로 떨어지고 있으니, 이 주장의 설득력은 떨어져 보인다. 따라서 플라이볼 혁명이 홈런의 증가를 가장 잘 설명한다고 해도 무리가 아닐 것이다. 슈어저의 말처럼 MLB 타자들은 모 아니면 도all or nothing의 홈런 스윙을 하고 있다. 우리 세대는 지도자들로부터 "다운 스윙을 하라"는 말을 많이 들었다. 내가 가장 까다롭게 생각한 타자 고故 장효조 선배도, 팀 동료여서 든든했던 이종범도 공을 벼락같이 내려쳤다.

타자들은 보통 어깨높이에서 배트를 쥔다. 여기서 최단 거리로 투구를 때리려면 다운컷downcut(투구를 위에서 아래로 내려치는) 스윙을 해야 한다. 그래야 투구 속도와 변화에 잘 대응할 수 있다고 배웠다. 반면 어퍼컷을 하려면 스윙 궤적이 내려갔다가 올라와야 한다. 과거에는 이를 비효율적인 타격이라고 여겼다. 때문에 뜬공을 강조하는 최근의 흐름은 올드스쿨에게는 꽤 낯설다. 이는 MLB에서 감독이나 코치를 하는 이들도 마찬가지라고 한다. 클린트 허들 피츠버그 파이리츠 감독은 2019년 〈워싱턴포스트〉와의 인터뷰에서 "투구 속도의 증가로 인해 예전에는 관심이 없던 걸 재평가하게 됐다. 난 지금까지 발사각Launch angle*에 대해 들어본 적이 없다"고 말했다.

2013년 빅데이터 기반의 전략으로 명장 반열에 오른 그가 새로운 이론의 반격을 받고 있는 모양이다. 그래서 이 현상을 '혁명'이라고까지 부르는 듯하다. 타자 입장에서는 삼진을 많이 당하더라도 어퍼컷을 날려야 한다. 아주 잘 맞으면 홈런이 된다. 2루타나 3루타가 나올 수 있다. 외야가 내야보다 넓으니 타구가 수비수 사이를 빠져나갈 가능성도 커진다. 리그 전체의 타격 성적과 타구 발사각 사이에는 의미 있는 상관관계가 보인다. 데이터를 보고 나서야 나도 고정관념에서 벗어날 수 있었다.

발사각이라는 개념은 오래전부터 있었지만, 이게 연구의 대상인 적은 내 기억에 없었던 것 같다. 발사각은 말 그대로 배트에 맞은 타

---

* **발사각**
방망이에 맞고 타구가 발사되는 각도. 일반적으로 발사각이 10도 이하라면 그라운드볼(땅볼), 10~25도면 라인 드라이브(직선타), 25~50도면 플라이볼(뜬공), 50도 이상이면 팝업(내야 뜬공) 타구가 된다.

구가 발사되는 각도다. 그라운드와 수평으로 날아간 타구의 발사각은 0도이고, 땅볼이면 마이너스 값이 나온다. 유명한 야구 서적《야구의 물리학》은 타구가 최대 비거리를 낼 수 있는 발사각이 35도라고 썼다. 그러나 타구 추적 시스템 '스탯캐스트'는 최대 비거리를 낼 수 있는 발사 각도가 25~30도라는 걸 데이터로 보여줬다.

MLB 전문가들은 스탯캐스트를 통해 경기에서 나오는 타구를 입체적으로 분석했다. 이로 인해 선수와 코치들은 어떤 타구가 가장 효율적인지 파악할 수 있게 됐다. 스탯캐스트의 원년인 2015년 MLB 타구의 평균 발사각이 10.9도였다. 땅볼은 마이너스 값이 나오기 때문에 평균 발사각은 대체로 이 정도를 형성한다. 타구의 발사각은 2016년 11.6도, 2017년 11.8도로 올라갔다. 2019년과 2020년에는 13도에 육박하고 있다. 홈런과 비례해 함께 늘어나는 것이다. 이 변화는 극적으로, 상당히 빠르게 진행되고 있다.

플라이볼 혁명기에 성적이 갑자기 향상된 타자들이 있다. 2015년 다니엘 머피Daniel Murphy의 평균 발사각은 11.1도였는데, 2016년 16.6도로 크게 높아졌다. 타율 0.281, 14홈런이었던 그의 성적이 1년 만에 타율 0.347, 25홈런으로 좋아졌다. 앤서니 렌던Anthony Rendon, 코디 벨린저Cody Bellinger 등 MLB 슈퍼스타들도 발사각을 올려 큰 효과를 봤다.

저스틴 터너Justin Turner(LA 다저스)는 플라이볼 혁명을 지지하는 가장 대표적인 선수 중 하나다. 2019년까지 류현진의 동료였기에 한국 팬들에게도 친숙한 그의 기록을 찾아봤다. 2013년까지 뉴욕 메츠에서 주전 선수가 되지 못한 터너는 2014년 다저스와 마이너리그 계약을 했다. 이 시기에 스윙을 어퍼컷으로 교정한 후 다저스의 간판타자로 성장했다. 2016년 터너는 전년보다 발사각을 3도 높였다. 2017년에는 1.4도 더 높여 그의 평균 발사각은 18.4도가 됐다. 리그 평균(11.8도)보다 6.6도 높았다. 이 과정에서 터너의 홈런과 삼진이 함께 늘었다. 이후 삼진이 줄고 타율과 장타율이 상승했다. 기록을 보면 아주 이상적인 진화 과정을 거쳤다.

터너가 외신과 인터뷰한 기사를 보면, 플라이볼 혁명에 대해 그가 확고한 신념을 가지고 있다는 것을 알 수 있다. 터너는 "땅볼을 때려서는 장타를 칠 수 없다. 장타를 원한다면 일단 공을 띄워야 한다"고 주장했다. 맞는 말이다. 심지어 터너는 "한 경기에 네 번 타석에 들어서 모두 플라이아웃을 당했다면, 난 좋은 경기를 한 것이다. 왜냐면 땅볼을 치지 않았기 때문"이라고도 했다. 이것도 맞는 말일까?

여러 자료를 보다가 플라이볼 혁명에 대한 호기심이 더 커졌다. 투수들은 배트를 갖다 대기도 힘들 만큼 빠른 공을 던지고 있다. '100마일의 시대'에 타자가 공을 의도적으로 '띄워서' 친다는 게 가능하기나 한 걸까?

타구 발사각

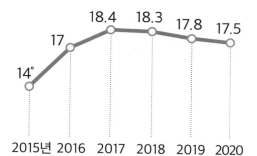

14° 2015년
17 2016
18.4 2017
18.3 2018
17.8 2019
17.5 2020

홈런·삼진

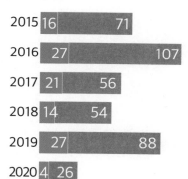

2015	16	71
2016	27	107
2017	21	56
2018	14	54
2019	27	88
2020	4	26

* 2020년은 단축시즌이어서 홈런·삼진이 적었다.

장타율·타율

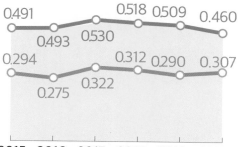

0.491 0.493 0.530 0.518 0.509 0.460
0.294 0.275 0.322 0.312 0.290 0.307

2015 2016 2017 2018 2019 2020

저스틴 터너의 발사각과 성적 변화(자료: 스탯캐스트)

5th Inning

타격은
불가능에 대한 도전

'어퍼컷'은 진실일까 환상일까

뜬공이 땅볼보다 득점에 유리한 건 틀림없다. 그러나 그걸 위해서 공을 올려치는 어퍼컷 스윙을 해야 한다는 건 단번에 이해하기 어려웠다. 정말 그럴까? 그게 가능하기는 한 걸까?

KBO리그와 국가대표에서 코치와 감독을 할 때, 난 타자들에게 기술적인 조언을 거의 하지 않았다. 그저 "타이밍이 조금 늦는 것 같다. 히팅 포인트hitting point(투구와 스윙이 만나는 지점)가 앞(이동발)에 형성되면 좋겠다"는 정도만 말했다. 기술적인 해법은 선수와 타격코치가 찾기를 바랐다. 현장을 떠난 입장에서 플라이볼 혁명은 그래서 더 낯설고 흥미로웠다. 그래서 MLB 기사와 기록들을 찾아보게 됐다. 그결과 나와 비슷한 의문을 가진 이들도 많다는 걸 알게 됐다.

플라이볼의 생산성이 높다는 건 2010년대 초 오클랜드 애슬레틱스의 성공에서 이미 증명됐다. 당시 애슬레틱스는 자니 곰스Jonny Gomes, 조쉬 레딕Josh Reddick 등 땅볼보다 뜬공 비율이 매우 높은 선수들을 영입했다. 애슬레틱스가 2012년과 2013년 아메리칸리그 서부지구 우승을 차지할 때 MLB 전체에서 뜬공 비율 1위를 기록했다. 그러나 애슬레틱스가 플라이볼 타자들을 데려와 성공한 것과 타자들이 스윙을 바꿔 일부러 플라이볼을 치는 건 다른 얘기인 것 같다.

플라이볼 혁명의 성공담을 쫓으면 한 사람이 등장한다. 재야의 이론가 덕 래타Doug Latta가 이 이론을 확산했다. 앞서 소개한 터너의 변화도 그가 만든 것이다. 래타는 "어퍼컷 스윙 이론은 터너가 MLB에서 지난 10년 동안 배운 것과 정반대"라고 말했다. 터너는 "내가 공의 아랫부분을 때리려고 노력한다는 걸 다른 타자나 코치에게 이야기할 수 없다"고 말했다고 한다. 래타와 터너가 완성한 어퍼컷 스윙은 다른 이들이 쉽게 납득하지 못할 거라는 뉘앙스 같다.

2017년 7월 〈워싱턴포스트〉는 플라이볼 혁명에 참여한 라이언 짐머맨Ryan Zimmerman(워싱턴 내셔널스)의 사례를 소개했다. 그는 2016년 타율 0.218, 홈런 15개로 부진했다. 기사에 따르면, 당시 짐머맨의 평균 발사각이 7.8도였다. 그의 타구 중에서 땅볼이 48.6퍼센트, 뜬공이 34.6퍼센트였다. 짐머맨은 2017년 초 타구를 더 띄우기 시작했다. 첫 50경기에서 타율 0.368, 홈런 15개를 기록했다. 이 시점에 그의 타구 평균 발사각이 11.2도였다.

짐머맨은 드디어 혁명에 성공한 것일까? 그의 인터뷰가 흥미로웠다. 짐머맨은 "그런 일(스윙 궤적)을 통제하려고 하면 타석에서 너무 많은 생각을 해야 한다. 난 공을 강하게 치는 것만으로도 충분히 힘들다"며 "시속 150~160km로 날아오는 공의 아랫부분을 정확히 겨냥해 때린다고? 그들에게 행운을 빈다"고 말했다.

2017 시즌을 앞두고 짐머맨이 어떻게 변화했고, 얼마나 노력했는지는 알 수 없다. 놀라운 성과를 내는 와중에도, 그는 '의도적인' 어퍼컷 스윙이 가능하다고 생각하지 않은 것 같다. 2018년 이후 짐머맨의 발사각과 타격 성적에 기복이 있었다. 정말 터너는 투구의 아랫부분을 어퍼컷 스윙으로 정밀 타격하는 것일까? 진실은 선수만 알고 있을 것이다. 한 가지 확실한 건, 타구를 띄우는 게 반드시 유리하지만은 않다는 사실이다.

MLB닷컴이 2016 시즌과 2017년 6월 초까지의 기록을 비교한 자료가 있다. 이 자료는 플라이볼 비율이 MLB 전체에서 가장 크게 증가한 타자들의 리스트로, 그 효과를 wOBA(가중 출루율)로 비교한 것이다. wOBA는 복잡한 계산을 거쳐 타자가 타수당 득점에 기여한 값을 산출한 것이다.

이 데이터에 따르면, 알렉스 아빌라Alexander Avila는 2016년보다 2017년(6월 초까지)에 25.5퍼센트 더 많은 뜬공을 날렸다. 그 결과 wOBA가 0.115 증가했다. 존 제이소John Jaso의 경우, 같은 기간 뜬공 비율이 19.5퍼센트 늘어났다. 그러나 그의 wOBA는 오히려 감소(-0.027)했다. 2016년 타율 0.268, 홈런 8개를 기록한 제이소는 2017년 타율이 떨어졌고(0.211), 홈런(10개)은 조금 늘었다. 전체적으로는 생산성이 떨어졌다.

이유가 뭘까. 플라이볼 혁명에 사로잡히다 보니 많은 이들이 정작 중요한 것을 빠뜨렸다. 바로 타구 속도다.

각도 논란에서 속도를 빠뜨리다

너무나 당연한 얘기지만, 타구의 비거리는 속도와 발사각에 의해 결정된다. 이상적인 타구를 뜻하는 배럴barrel*은 '158km 이상의 속도'와 '26~30도의 발사각' 두 요소로 이뤄진다. 발사각을 높일 생각만 하면, 그것만큼 중요한 타구 속도를 내는 데 소홀해질 수 있다는 것이다.

파워가 좋아서 타구를 힘차게 띄울 수 있는 타자라면 발사각을 높이는 게 효과적일 것이다. 아빌라가 그런 경우다. 2016년 57경기에서 7홈런을 때렸던 그는 타구 발사각을 6.9도에서 12.4도로 높인 이듬해 112경기에서 14홈런을 기록했다. 그러나 2018년 이후 아빌라 타구의 평균 발사각이 10도 이하로 다시 낮아졌다. 성적도 함께 떨어졌다. 인위적으로 발사각을 높이는 것도, 그걸 유지하기도 쉽지 않다는 것을 알 수 있다.

파워가 부족한 타자들에게 무리한 어퍼컷은 더 큰 손해를 끼친다.

---

* 배럴

쉽게 표현하면 아주 잘 맞은 타구다. 출구 속도(배트에 맞은 공이 발사되는 속도)가 시속 98마일(158km) 이상으로 발사각 26~30도를 형성하면 배럴 타구다. 출구 속도가 더 빠르면 발사각이 더 커져도 배럴 타구가 된다. 출구 속도 99마일(159.3km)이라면 25~31도, 100마일(160.9km)이라면 24~33도로 범위가 넓어진다. 2016년 정규시즌에서 배럴 타구의 타율은 0.822, 장타율은 2.386에 이르렀다.

빠르지 않은 타구를 날려봐야 홈런을 때릴 수 없고, 대부분 야수에게 잡히기 때문이다. 제이소 같은 경우가 그렇다. 그는 자신에게 별로 유용하지 않은 스윙을 만들겠다고 힘만 뺀 것 같다. 안타깝게도 제이소의 MLB 경력은 타구 평균 발사각을 7.9도에서 19.1도로 높였던 2017년으로 끝나버리고 말았다.

이 논란에 관해 MLB 최고의 출루 머신 조이 보토Joey Votto가 한 말에 공감한다. 그는 팬그래프닷컴과의 인터뷰에서 "내가 많은 타자와 대화한 뒤 내린 결론은 땅볼은 나쁘고, 뜬공은 좋고, 라인 드라이브는 더 좋다는 것"이라고 말했다.

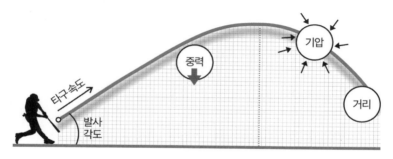

타구 비거리가 결정되는 요소

플라이볼은 목표가 아닌 결과

그라운드볼이 비효율적이라는 건 틀림없다. 플라이볼이 효과적이다. 그리고 타자들이 전통적으로 선호해온 라인 드라이브(발사각

11~20도의 강한 타구)도 여전히 중요하다. 〈워싱턴포스트〉는 "사실 이건 플라이볼 혁명이 아니라 땅볼 반대 혁명anti-grounder revolution이라 불러야 한다"고 주장했다.

MLB닷컴의 통계 전문 칼럼니스트 마이크 페트리엘로Mike Petriello는 "타자가 할 수 있는 최선은 세게 치는 것이다. 그다음으로 할 수 있는 건 뜬공을 세게 치는 것이다. 그걸 할 수 없으면 (타격을) 하지 말라"고 트위터에 쓴 적이 있다. 플라이볼 혁명을 관찰한 그는 "모든 타자가 올려쳐야 하는 건 아니다. 어쨌든 그걸 혁명이라고 말할 수도 있겠다. 그러나 플라이볼을 날리는 게 너무 '목표'가 됐다. 공중으로 강한 타구를 날릴 수 없다면 플라이볼 혁명은 당신의 것이 아니다"라고 주장했다.

뜬공을 위해 스윙 궤적까지 바꾸는 건 만능이 아니라고 페트리엘로는 주장했다. 나도 동의한다. 플라이볼은 타자의 생산성을 높이기 위한 노력의 결과지 그 자체가 목표는 아니다. 이런 이유로 난 어퍼컷 스윙의 효용에 대해서도 궁금증이 커졌다. 우리 세대는 레벨 스윙level swing(지표면과 수평 궤적)을 하라고 배웠다. 플라이볼 혁명 전까지 MLB에서도 이런 이론이 상식이었다. 레벨 스윙을 하면 투구와 방망이가 만날 수 있는 지점이 커진다고 생각했다. 라인 드라이브 타구가 나올 확률도 높아진다. 심지어 예전에는 다운컷 스윙을 강조하는 지도자들도 많았다. 타자는 보통 어깨높이에서 배트를 쥐는데, 여기서 최단 거리로 투구를 때리려면 내리쳐야 한다는 것이다.

다운컷 스윙은 어퍼컷 스윙과 반대로 공의 윗부분을 때릴 가능성이 크다. 이렇게 때린 타구는 땅볼이 된다. 그래도 그렇게 치라고 배웠다. 그라운드 사정이 좋지 않았던 시절에는 땅볼을 굴려 내야수의 실책을 유도하는 것도 확률 높은 공격법이었다. 그렇다고 다운컷 스윙이 아주 틀린 이론이라고 생각하진 않는다. 투수의 구위가 압도적이지 않았고, 타자의 파워가 약했던 시절에는 나름대로 효과적인 타격이었다.

다시 어퍼컷 스윙에 대해 고민할 차례다. 생각해보면 완전한 레벨 스윙은 이론으로만 존재하는 것 아닌가 싶다. 스윙의 시작과 끝이 똑같은 높이일 수 없기 때문이다. 게다가 공이 날아오는 궤적도 지면과 수평이 아니다. 오버핸드 투수가 마운드 위에서 공을 던지면 릴리스 포인트는 180~200cm 높이에 형성된다. 여기서 발사된 투구가 스트라이크존(50~100cm)을 통과할 때는 5~7도의 각도가 생긴다. 아래로 떨어지는 변화구라면 각도가 더 클 것이다. 그러니까 진짜 레벨 스윙의 각도는 0도가 아니라 7도 정도 올라가야 한다. 그래야 정타를 때릴 확률이 높아진다. 임팩트 때 배트를 들어 올리면? 발사각 20도 이상의 배럴 타구가 나올 가능성이 커진다.

이게 진짜 이상적인 타격이라고 생각한다. 투구와 방망이가 만나는 구간을 확보하고, 이상적인 발사각까지 만드는 비밀을 우리는 데이터를 이용해 새로 알아낸 걸까?

어퍼컷 스윙

레벨 스윙

다운컷 스윙

(사진: ⓒ정시종)

답은 50년 전에 이미 나왔다

나는 이런 고민 끝에 MLB의 '마지막 4할 타자' 테드 윌리엄스와 만났다. 1940~1950년대 최고 타자였던 윌리엄스는 "타격은 모든 스포츠를 통틀어 가장 어려운 기술"이라는 말과 함께, 타격 이론서《타격의 과학》을 남겼다. 여기에 이미 '살짝 올려치는' 레벨 스윙에 대한 이론이 담겨 있다.

MLB에 플라이볼 혁명이라는 말이 유행하자, 전설의 강타자 윌리엄스가 깨어났다. 1946년 클리블랜드 인디언스가 보스턴 레드삭스의 윌리엄스를 막기 위해 수비 시프트를 고안했다는 사실을 앞서 서술한 바 있다. 당시 윌리엄스는 "별거 아니다. 공을 높이 띄우면 된다"고 말했다. 윌리엄스는 선수 은퇴 후 자신의 타격 이론을 정리해 책으로 펴냈다. 1971년 발간한 그의 저서의 한 챕터 제목이 '올려치는 것이 진리'이다. 윌리엄스는 "이상적인 스윙은 수평(레벨 스윙)이거나, 조금 아래로(다운컷 스윙) 향해야 한다고 배웠다. 타구가 일단 바운드가 되면 수비수에게 부담이 되기 때문이다. 그러나 힘을 실은 타구를 때린다면 홈런이 될 수 있다. 난 10도 정도 올리는(어퍼컷) 스윙을 옹호한다"고 썼다.

이상적인 스윙은 평평하지 않고not level 약간의 어퍼컷slight uppercut 이라는 게 윌리엄스의 지론이다. 그는 타구를 세게, 그리고 높이 치라고 조언했다. 거기에 돈과 성공이 있기 때문이다. 윌리엄스가 말한 어퍼컷과 플라이볼 혁명 시대의 어퍼컷은 다른 것일까. 투수 출신인 나로서는 솔직히 알 길이 없다. 그러나 시간과 공간을 뛰어넘는 두 스윙에 대한 궁금증은 계속 남는다. 이상적인 스윙이 되기 위한 조건은 분명히 있을 것이다.

먼저 투구와 방망이가 만나는 구간인 콘택트 존contact zone이 넓어야 한다. 앞서 설명한 대로 마운드 위에 선 오버핸드 투수가 던진 공은 5~7도 각도로 하강한다. 콘택트 존(윌리엄스는 이를 30~45cm라고 했다)을 통과하는 방망이 궤적은 투구의 각도만큼 올라가는 게 이상적이다. 지면이 아닌 투구 궤적과 수평을 만들라는 뜻이다. 이게 실제로는 약간의 어퍼컷 스윙으로 보인다. 윌리엄스도 저서에 그림과 함께 그려서 설명했다. 이 스윙은 레벨 스윙 개념과 뭐가 다를까?

방망이의 궤적이 5~7도 올라간다고 해서 어퍼컷 스윙이라고 부를 수 있을까. 아마 아닐 것이다. 이런 궤적이라면 라인 드라이브

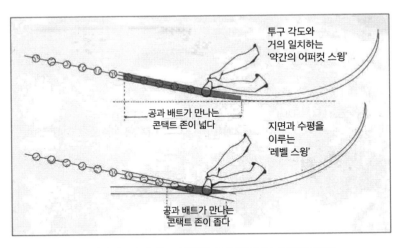

테드 윌리엄스가 말하는 이상적인 스윙 궤적(자료:《타격의 과학》)

(10~25도) 타구 비율은 높아지겠지만, 홈런이 많이 나오는 발사각 (25~30도)을 만들기가 쉽지 않다. 윌리엄스는 그래서 "살짝 올려 치라"고 말한 것일까? 이상적인 타격은 레벨 스윙과 어퍼컷 스윙이 결합한 형태일까? 공부하면 할수록, 타격은 참 어렵다는 걸 알게 된다.

처음부터 다시 생각해봤다. 투수는 자기 폼으로 공을 던지면 된다. 노력에 따라 일관된 폼으로 던질 수 있다. 그러나 타자는 투구에 대응해야 한다. 구종과 코스에 따라 스윙이 다를 수밖에 없다. 어퍼컷 스윙을 하는 타자는 하이 패스트볼에 약점을 보인다. 높게 날아오는 빠른 공을 띄워 치기가 매우 난해하기 때문이다.

시대가 바뀌어도 본질은 변하지 않는다

타자는 최선의 스윙을 만들어야 한다. 더 중요한 건 투구에 따른 대응이다. 그래서 많은 타격 이론가가 스윙 궤적보다 강한 타구를 만드는 방법을 찾는 데 많은 에너지를 쏟았다. 윌리엄스도 마찬가지였다.

난 타격 전문가가 아니다. 그러나 평생 야구를 했기에 생체역학 biomechanics 관점에서 타격 폼을 이해할 순 있다. 투수의 피칭도, 타자의 스윙도, 골프의 스윙도 폴로 스루follow through (임팩트 후 같은 방향으로 이어지는 마무리 동작)가 중요하다. 동작을 자연스럽게 끝내면 스윙의 힘이 극대화된다. 타격 전문가 김용달 선배의 저서《용달매직의 타격비법》에도 이에 대한 설명이 있다.

폴로 스루는 힘을 유지하기 위한 동작이다. 그러나 폴로 스루를 위해
인위적으로 손목 힘을 더 쓴다면 스윙의 폭이 좁아진다. 힘의 방향이
(앞이 아닌) 옆으로 돌아 땅볼이 될 확률이 높아진다.

투수의 메커니즘이 그렇듯, 타자의 스윙도 자연스러운 중심 이동
이 중요하다. 그래야만 강력한 패스트볼과 현란한 변화구를 공략해
'강한 타구'를 만들 수 있다. 특히 장타를 만들기 위해서는 히팅 포인
트가 앞발 부근에 형성돼야 한다. 타자의 두 팔꿈치가 최대한 몸에
붙어 나왔다가 앞으로 쭉 뻗는 동작에서 힘이 폭발한다. 앞서 제이콥
디그롬의 투구 폼을 설명한 것과 같은 메커니즘이다. 어깨 위에 있었
던 배트가 내려와 콘택트 존을 통과한 뒤에는 스윙의 끝이 자연스럽
게 위로 올라갈 수밖에 없다. 이게 폴로 스루이며, 자연스럽게 약간의
어퍼컷 스윙이 만들어진다. 윌리엄스의 이론과 플라이볼 혁명은 결
국 여기서 만나는 것 같다.

2018년 MLB 일부 구단의 캠프에서는 플라이볼을 '생산하는' 훈
련을 했다. 밀워키 브루어스의 스프링 트레이닝에서 신기한 광경을
목격한 KBO리그 관계자들이 있다. 훈련장 내야와 외야 사이에 높
이 10m의 펜스를 설치했다는 것이다. 브루어스 구단은 타자들에게
그 펜스 너머로 타구를 날리도록 주문했다. 20도 이상의 발사각을 만
드는 훈련이었다. 예전에는 상상할 수도 없는, 기상천외한 훈련법이
었다. 단장과 감독, 코치와 선수들이 공감했으니 그런 훈련이 가능했

을 것이다. 브루어스의 젊은 타자들은 이렇게 해서라도 어퍼컷 스윙을 장착하려고 애썼다.

그해 겨울, 마이애미 말린스에서 밀워키로 트레이드된 크리스티안 엘리치Christian Yelich는 2018년 내셔널리그 타격왕(0.326)과 최우수선수상MVP을 차지했다. 그해 엘리치가 때린 홈런(36개, 리그 3위)은 2017년에 비해 18개나 늘었다. 엘리치의 타격이 폭발한 데에는 홈구장이 타자 친화적인 밀러 파크로 바뀌었다는 점도 작용했을 것이다. 또한 그의 배럴 타구 비율은 2017년 7퍼센트에서 2018년 12.9퍼센트로 늘어났다. 2019에는 15.8퍼센트로 증가했다.

2018년 10월 '엘리치는 발사각 논쟁에 휩쓸리지 않는다Yelich not distracted by launch-angle talk'는 제목의 MLB닷컴 기사가 눈에 띄었다. 당시는 저스틴 터너(LA 다저스) 등 플라이볼 혁명의 주인공들이 MLB 뉴스의 헤드라인을 여러 번 장식했던 시기였다. 당시 엘리치는 놀라운 성적을 내고 있었지만 땅볼도 꽤 많이 때렸다. 2017년 그의 땅볼/

연도	타율	홈런	땅볼/뜬공	평균 발사각	배럴(%)
2016	0.298	21	2.62	2.7	9.7
2017	0.282	18	1.73	4.6	7.0
2018	0.326	36	2.15	5.0	12.9
2019	0.329	44	1.17	11.3	15.8
2020	0.205	12	1.77	7.1	12.1

크리스티안 엘리치의 성적 변화(자료: 스탯캐스트)

뜬공 비율이 1.73이었는데, 2018년 이 비율이 2.15로 오히려 늘었다. 예전부터 그는 땅볼 비율이 꽤 높은 타자였다. 그러니까 옐리치는 많은 땅볼을 때리는 동안에도 타율과 홈런이 증가한 것이다. 그리고 그의 기록을 보면 발사각과 다른 성적의 상관관계가 거의 보이지 않는다.

옐리치는 MLB닷컴과의 인터뷰에서 "난 의식적으로 발사각을 바꾸려(높이려) 한 적이 없다. 공을 세게 치지 못한다면, 발사각은 내 친구가 될 수 없다"고 말했다. 그는 플라이볼 혁명은 불변의 이론이나 문제의 해결책이 아닌 트렌드일 뿐이라고 주장했다.

타구 발사각에 대한 옐리치의 말은 어렵게 검증하지 않아도 될 것 같다. 그의 타격 데이터가 이를 선명하게 보여주고 있다. 그는 커리어 내내 플라이볼보다 그라운드볼을 많이 때렸다. MLB 커리어 8년 동안 기록한 땅볼이 뜬공보다 두 배 이상(땅볼/뜬공 비율 2.12) 많다.

2018년 옐리치의 타구 평균 발사각은 5.0에 불과했다. 이해 MLB 전체의 평균 발사각(12.3)의 절반도 되지 않았다. 그런데도 그는 리그 홈런 3위에 올랐다. 플라이볼이 많지 않았지만, 뜬공의 대부분은 속도가 빨랐다는 뜻이다.

MLB닷컴 기사 끝에 옐리치의 말이 참 인상적이었다.

"최고 타자들의 콘택트 순간을 찍은 사진을 보라. 똑같은 자세가 보일 것이다. 다른 건 사고방식mindset이다. 다운컷을 하라는 사람도 있고, 어퍼컷을 하라는 사람도 있다. 결국 그들은 같은 곳에서 만난다. 발사각에 매달려 성공한 선수가 있고, 그렇지 않은 선수가 있을 뿐이다. 나는 그 가운데 있으려 한다."

지난 몇 년 동안 플라이볼 혁명이라는 '현상'에 집중했지만, 타격의 '본질'이 바뀐 건 아니다. 최대한 정확하게 쳐서 강한 타구를 만드는 건 시대를 초월한 목표다. 최적의 히팅 포인트와 자연스러운 폴로스루가 그래서 중요하다. 스윙 궤적이나 발사각은 스탯캐스트에 의한 현상 분석이다. 이것이 결코 타격의 목표일 수 없는 것이다. 그 사실을 윌리엄스, 그리고 옐리치로부터 나는 또 배웠다.

시대가 변했어도 본질은 바뀌지 않는다.
마지막 4할 타자 테드 윌리엄스의 타격
폼과 2019년 내셔널리그 MVP 코디 벨
린저의 메커니즘은 다르지 않다.

테드 윌리엄스 Ted Williams

· 출생 : 1918년 8월 30일 ~ 2002년 7월 5일

· 체격 : 190.5cm, 93kg

· 경력 : 아메리칸 리그 MVP 2회(1946, 1949)

　　　　올스타 19회(1940~1942, 1946~1951, 1953~1960)

　　　　타격왕 6회(1941, 1942, 1947, 1948, 1957, 1958)

　　　　홈런왕 4회(1941, 1942, 1947, 1949)

　　　　타점왕 4회(1939, 1942, 1947, 1949)

　　　　MLB 통산(1939~1960) 타율 0.344, 홈런 521개

　　　　MLB 명예의 전당 헌액(1966)

코디 벨린저 Cody Bellinger

· 출생 : 1995년 7월 13일~

· 체격 : 193cm, 95.2kg

· 경력 : 내셔널리그 신인왕(2017)

　　　　올스타 2회(2017, 2019)

　　　　내셔널리그 MVP(2019)

　　　　MLB 통산(2017~2020) 타율 0.273, 홈런 123개

이제 나는 타자를 믿는다

　선수 시절 내 마지막 타석은 일본 주니치 드래건스에서 뛰었던 1999년 7월 22일 요미우리와 자이언츠의 도쿄돔 경기에서였다. 4-1로 앞선 8회 말 2사 만루에서 마운드에 올라 위기를 넘겼고, 9회 초 무사 1·2루에서 타석에 들어섰다. 호시노 센이치 당시 드래건스 감독은 내게 페이크 번트 앤드 슬래시fake bunt and slash(번트를 대는 척하다가 강하게 타격하는 작전)를 지시했다. 자이언츠 배터리는 보내기 번트를 예상했다. 내야진이 번트에 대비해 움직였고, 투수는 전력으로 던지지 않았다.

　운이 좋았다. 공이 날아와 내 방망이에 맞은 것이다. 타구는 내야를 통과해 외야 펜스까지 굴러가는 2루타가 됐다. 내가 어떻게 쳤는지 모르겠다. 일본 진출 후 16타수 무안타 끝에 때린 첫 안타였다. 난 해태 타이거즈와 주니치 드래건스 시절 몇 차례 타석에 들어섰지만, 삼진으로 물러난 기억이 대부분이었다.

　타격은 참 어렵다. 타자들은 불가능에 도전하는 것 같다. 그래서 이 기회를 빌려서 하고 싶은 말이 있다. 난 선수 시절 KBO리그에서만 40차례 패전투수가 됐다. 그중 0-1로 진 경기가 적지 않았다. 특히 잊히지 않는 승부가 있다. 내가 해태에서 뛰었던 1988년 4월 17일 광주 경기였다. 난 그날 9이닝을 완투하며 삼진 11개를 빼앗았다. 점수는 단 1점만 줬다. 이날의 주인공은 상대 투수였던 빙그레 이글스의 이동석이었다. 그는 리그 역사상 네 번째로 노히트노런을 달성했다.

게다가 4사구와 안타를 하나도 내주지 않았다. 실책 2개가 아니었으면 퍼펙트게임까지 가능했을 것이다.

그날 밤, 나 혼자서 씩씩거렸던 기억이 난다. 프로에서 노히트노런을 꼭 해보고 싶었는데, 오히려 노히터 경기의 패전투수가 됐으니 너무 분했다. '타선이 점수를 내줬다면 내가 승리투수가 되지 않았을까?' '수비가 좀 도와줬다면 나도 0점으로 막지 않았을까?' 이렇게 생각하며 소주 한 병을 들이켠 뒤 잠들었다.

다음날 야구장으로 출근해서 내 동료들을 봤다. 내가 무슨 생각을 했나 싶었다. 내가 아무리 잘 던져도 타자들의 도움이 없으면 승리할수 없다. 야수의 수비를 탓할 게 아니라 삼진으로 잡지 못한 나 자신을 원망해야 했다. 이듬해 내가 노히트노런(1989년 7월 6일 광주 삼성라이온즈전)을 기록했을 때는 타자들의 도움을 듬뿍 받았다. 이날 해태는 10-0으로 이겼다.

내가 투수로서 여러 기록을 세우는 데에는 타자들의 도움이 아주 크게 작용했다. 그런데도 나는 감독을 하면서 "타자는 믿을 게 못된다"는 말을 자주 했다. 이 말의 저의는, 투수가 타자에게 의존하면 안 된다는 뜻이었다.

타격은 '3할의 예술'이다. 10번 타격해서 3번 안타를 때린다면 성공이다. 뛰어난 투수와 10번 상대하면 1~2번 이기기도 힘든 게 타자다. 그래서 난 타자를 믿을 게 못 된다고 말했던 것이다. 지금 생각해보면 참 투박한 표현이었다. 타격은 원래 어려운 것이니 '타자가 점수를 뽑아주면 고마운 일'이라고 생각한다. 감독으로서 "타자는 못믿는다"고 말할 게 아니라 "타격은 어렵다"고 말했어야 했다. 내 말에서운함을 느낀 타자들이 있다면, 이 기회에 사과의 뜻을 전한다.

이제 난 타자들을 믿는다. 투구 스피드가 빨라지고, 변화구가 다양해졌는데도 타자들은 곧잘 대응하고 있다. 타자들의 체격과 기술도 좋아졌다. 게다가 그들은 여러 경로를 통해 MLB 이론을 받아들이고 있다. 내가 선수 시절 이정후(키움 히어로즈)와 강백호(KT 위즈) 같은 타자를 상대하지 않은 건 행운이다.

이 얘기를 길게 설명한 이유는 나 자신에 대한 반성 때문이다. 프로야구팀을 이끌면서, 국가대표팀을 지휘할 때 나는 투수 파트에 집중했다. 타격은 전문 코치에게 맡기는 게 옳다고 지금도 생각한다. 대신 타자들을 이해하고 응원하기 위해서는 나도 공부해야 한다. 윌리엄스의 말대로 타격은 모든 스포츠를 통틀어 가장 어려운 기술이기에 그렇다.

(사진: ©정시종)

KT 위즈 황재균 선수

타격은 내 전문 분야가 아니다. 선수 시절 타석에 몇 번 서
본 경험은 있었지만, 타격을 체계적으로 배울 기회가 없
었다. 최근 급변하는 트렌드는 더 낯설었다. 그래서 황재균
선수를 만나 배워보기로 했다. 2007년 KBO리그에 데뷔
한 그는 MLB 경험까지 있는 베테랑 선수다. 2021년 시범
경기 기간 그가 귀중한 시간을 내줬다.

- 황재균 선수, 이렇게 다시 만나 반갑네요.

"국가대표팀에서 함께한 후 오랜만에 감독님을 뵙습니다."

- 타격 공부를 하다가 궁금한 게 몇 가지 있어서 인터뷰를 요청했어요. 요즘 데이터 분석은 어떻게 하고 있나요?

"몇 년 사이에 정말 많이 변했습니다. 타구 스피드 같은 데이터가 실시간으로 나오기 때문에 그걸 참고해서 제 컨디션을 점검합니다. 투구 정보도 엄청나게 많아졌어요. 스피드뿐 아니라 공의 회전수와 회전축까지 볼 수 있죠. 데이터를 통해 투수의 기본적인 공 배합과 최근 두드러진 변화를 체크할 수 있습니다."

- 데이터가 워낙 많아서 필요한 걸 가려내기가 쉽지 않겠네요.

"그렇습니다. 그래서 전 상대 투수와 제 맞대결 기록 위주로 봅니다. 또 해당 투수가 저와 비슷한 파워와 스윙 궤적을 가진 타자를 어떻게 상대했는지 파악합니다. 볼카운트별 투구 패턴까지 다 나와 있거든요. 방대한 데이터 중에서 꼭 필요한 정보를 가려낼 줄 알아야 분석의 정확성이 높아집니다."

– 2017년 미국에 진출해 마이너리그를 거쳐 MLB까지 경험했잖아요? 미국에서는 선수들이 데이터를 어떻게 활용하는지 궁금합니다.

"마이너리그에서는 솔직히 데이터 분석이랄 게 없었습니다. 태블릿PC로 상대 선발 투수의 영상을 보여주는 게 거의 전부였어요. MLB는 완전히 다릅니다. 투수와 타자의 모든 정보가 오픈돼 있다고 보면 됩니다. 홈경기든 원정경기든 구단 사무실에 선수들을 위한 PC가 몇 대씩 설치돼 있어요. 선수들이 수시로 가서 기록이나 영상을 찾아봅니다. 훈련 중 쉬는 시간이 생기면 라커룸에 앉아 있는 게 아니라 데이터를 보는 거예요."

– 선수가 직접 전력 분석을 한다고요?

"네. 해보니까 어렵지 않았어요. 프로그램에 접속해서 필요한 정보를 검색하면 됩니다. KBO리그 데이터팀도 구단마다 잘 운영하고 있어요. 선수가 원할 때 언제든 정보를 주죠. 그러나 선수들이 찾아서 하는 단계는 아직 아닌 것 같습니다."

– MLB 투수들의 패스트볼을 상대해보니 어땠던가요?

"빅리거의 패스트볼은 분명 빠릅니다. 하지만 전 패스트볼을 워낙 좋아해서 점차 적응이 되더라고요. 2015년 프리미어12 대회 때 오타니 쇼헤이의 시속 160km 공도 솔직히 칠만 했거든요. 포크볼이 오다가 없어져서(아래로 뚝 떨어져서) 그걸 못 쳤던 거죠. 하하."

- 다른 구종은요.

"패스트볼이 빠른 건 얼마든지 해볼 만했는데, MLB에서는 똑바로 오는 공이 별로 없었습니다. 투심 패스트볼이나 컷 패스트볼처럼 똑바로 날아오다가 꺾이는 공에 대처하기 어려웠죠."

- KBO리그 투수들도 구종이 다양해졌습니다.

"네. 투심 패스트볼, 컷 패스트볼, 체인지업 등을 던지는 투수들이 몇 년 사이에 갑자기 늘어났습니다. 여러 구종을 던져서인지 투수들의 제구력은 예전보다 떨어진 것 같아요. 선수별로 커맨드 편차가 큽니다."

- 최근 타자들 사이에서 플라이볼 혁명이라는 변화가 일고 있습니다. 여기에 동의하나요?

"네. 저는 플라이볼이 땅볼보다 유용하다는 데 전적으로 동의합니다."

선동열 아구학

- 발사각을 띄우려는 노력도 합니까.

"제가 할 수 있는 건 어퍼컷 스윙뿐이에요. 물론 제가 말하는 어 퍼컷 스윙은 아래에서 위로 퍼 올리는, 극단적인 궤적이 아닙니다. (레벨 스윙을 하다가) 임팩트 구간에서 배트를 위로 올리는 거죠. 여기 까지가 제가 할 수 있는 전부입니다. 발사각은 투구와 스윙 궤적에 따라 만들어지죠."

- 황재균 선수는 트레이닝을 할 때도 데이터를 이용한다고 들었습니다.

"네. 오래전부터 고민하고 연구했습니다. 무거운 역기를 무조건 많이 든다고 좋은 건 아니거든요. 그러면 운동이 아니라 노동이 됩 니다. 개인별, 상황별로 맞는 프로그램을 짜야 합니다. 휴식과 강화 훈련을 병행합니다."

- KT 후배들도 황재균 선수의 훈련법을 잘 따른다고 들었습니다.

"시즌 중에는 기술 훈련보다 체력 훈련이 더 중요하다고 생각해 요. (타자에겐) 러닝보다 웨이트 트레이닝이 더 효과적이라고 봅니다. 후배들에게 이 말을 해주니 이젠 저보다 더 열심히 합니다."

– 선수단 문화는 어떻게 바뀌었나요?

"제가 데뷔할 때만 해도 코치님들은 일방적으로 지시하셨거든요. 지금은 아주 많이 존중해주십니다. 코칭할 때도 이유를 충분히 설명해주고 함께 바꾸자고 권하는 거죠. 선후배 관계도 유연해졌습니다. 제가 막내 때는 선배와 캐치볼을 하다가 공을 잘못 던지면 혼쭐이 났거든요. 그러면 위축돼서 더 실수했죠. 요즘에는 후배들끼리 편하게 훈련하라고 합니다. 선배들은 그들끼리 캐치볼을 하죠. 정말 많이 달라졌습니다."

선동열 야구학

6th Inning

투수가 시간과 공간을
지배하는 법

타자의 공간을 빼앗는 '피치 터널'

2020년 8월 재미있는 기사를 봤다. 맷 윌리엄스Matt Williams KIA 타이거즈 감독이 류현진(토론토 블루제이스)의 피칭에 대해 코멘트한 것이다. 윌리엄스 감독은 "메이저리그의 다른 투수들과 비교하면, 류현진은 구속으로 타자를 압도하는 스타일이 아니다. 대신 좋은 커맨드command(목표 지점에 공을 던지는 능력. 컨트롤과 거의 같은 의미로 쓴다)를 가졌다. 그는 '피칭의 아트'를 잘 이해하는 투수"라고 말했다.

여기까지는 류현진이 누구에게나 자주 듣는 칭찬이다. 흥미로운 말은 그다음에 나왔다. 윌리엄스 감독은 "애리조나 다이아몬드백스 코치로 일했던 2013년 (당시 LA 다저스 신인) 류현진의 피칭을 자주 봤다. 류현진과 대결한 다이아몬드백스 타자들에게 그에 대해 물어보니 '모든 구종이 똑같이 보였다'고 말했다. 그 말이 기억에 남는다"고 했다.

MLB 내셔널리그 홈런왕 출신(1994년 43개) 윌리엄스 감독이라고 해도 더그아웃에서는 류현진 피칭의 진가를 보진 못했을 것이다. 타석에서 직접 상대해야 투수의 진짜 실력을 알 수 있기 때문이다. 윌리엄스 감독은 "내 기억에 류현진은 오른손 타자를 상대로 몸쪽 컷패스트볼을 효과적으로 던졌다. 싱커(투심 패스트볼)는 반대 방향(오른손 타자 바깥쪽)으로 굉장히 잘 떨어졌다. 여기에 체인지업이 똑같은 터널tunnel을 통해 나오면 구종을 구분하기 너무 어렵다"고 말했다. 윌리엄스 감독의 코멘트는 류현진 피칭에 대한 수많은 설명 중 가장 구체적이며 실체적이었다. 야구장 외야 쪽에 설치된 카메라가 찍은 TV 중계 화면이나, 더그아웃에서 보는 각도가 아니라 타자 시점에서 바라본 투구이기 때문이다.

2020년 7월 tvN에서 방송된 류현진 다큐멘터리 〈코리안 몬스터〉에서도 비슷한 이야기를 들을 수 있었다. 다저스 시절 동료였던 저스틴 터너가 "류현진은 모든 공을 똑같은 폼으로 던진다. 타자 입장에서는 정말 대응하기 어렵다"고 말했다.

우리는 MLB를 보며 수많은 괴물 투수를 만난다. 그들은 시속 100마일(161km)이 넘는 강속구를 뿜어내고, 무서울 만큼 꿈틀거리는 싱커를 던진다. 브레이킹 볼의 변화도 예리하다. 그러나 타자들은 류현진의 피칭을 더 두려워하는 것 같다.

2019년 류현진의 패스트볼 평균 스피드는 시속 145.9km였다. MLB 투수들의 평균에도 미치지 못하는 스피드로 류현진은 2019년 양대 리그를 통틀어 가장 낮은 평균자책점(2.32)을 기록했다. 2020년 류현진의 평균 패스트볼 스피드는 144.5km로 더 떨어졌다. 시즌 초반 코로나19로 인해 루틴이 깨졌는지 컨디션이 별로 좋지 않아 보였다. 그런데도 류현진은 에이스 역할을 충분히 해냈다. 단축해서 치른 2020 정규시즌에서 그는 12차례 마운드에 올라 5승 2패 평균자책점 2.69(아메리칸리그 4위)를 기록했다.

류현진은 터널에 공을 던진다

이유가 뭘까. 커맨드가 좋아서? 사실이지만, 윌리엄스 감독이 표현한 '피칭의 아트'를 설명하기에는 충분하지 않다. 윌리엄스 감독은 이미 힌트를 줬다. 똑같은 터널을 통해 나오면 구종을 구분하기 어렵다. 이것이 최근 MLB가 투구 궤적을 분석하는 이론인 '피치 터널pitch tunnel'이다. 피치 터널을 소개한 여러 사이트 중 하드볼타임스 자료가 가장 상세한 것 같다. 이 기사 덕분에 추상적으로 생각했던 피치 터널의 원리를 시각화할 수 있었다.

투수가 던지는 공은 구종과 관계없이 일정한 지점까지 비슷한 궤적으로 날아온다. 어느 지점부터 타자는 구종과 코스를 인지한다. 그리고 스윙 여부를 결정한다. 피치 터널은 투수가 공을 놓는 순간부터 타자가 구종을 분간하는 지점까지의 구간을 말한다. 깜깜한 터널에 들어간 자동차의 종류와 색깔을 구분하기 어려운 것처럼, 터널 구간에서는 구종과 코스를 파악하기 힘들다. 터널에서 빠져나오면 자동차에 대한 정보를 알 수 있듯 터널 포인트를 빠져나온 뒤에야 공의 정체를 파악할 수 있다.

피치 터널은 상상 속 공간이다. 이 터널이 길면 타자가 투구를 파악할 시간이 그만큼 짧아진다. 패스트볼이라면 타자가 스윙하기 전에 포수 미트 안으로 들어갈 것이다. 변화구라면 타자의 스윙 궤적을 피해서 꺾일 가능성이 크다. 반대로 공이 터널을 빨리 빠져나온다면 타자는 공을 더 오래 볼 수 있다. 투수가 공을 던지자마자 패스트볼이라는 걸 타자가 알아챘다면 어떻게 될까? MLB 타자는 100마일의 강속구도 쳐낼 것이다. 마찬가지로 타자는 변화구에도 속지 않을 것이다. 때문에 타자가 체감하는 속도는 스피드건에 찍히는 숫자와 차이가 있다. 류현진처럼 디셉션이 좋은 투수가 피치 터널까지 길게 만든다면 타자가 구종을 파악하기 어려워진다. 류현진이 140km대의 공을 자신 있게 던지고, 타자들이 그걸 쉽게 공략하지 못하는 이유는 바로 여기에 있다.

류현진의 변화구는 피치 터널 효과를 극대화할 수 있다. 그의 최고 무기는 체인지업이다. 패스트볼처럼 날아오다가 가라앉는 공이다. 왼손 투수의 서클 체인지업은 우타자 바깥쪽으로 휘면서 떨어진다. 피치 터널을 떠올리며 류현진의 피칭 데이터를 봤다. 2020년은 코로나19 등 변수가 많으니 2019년 기록을 비중 있게 살폈다. 그해 정규시즌에서 류현진의 체인지업 평균 스피드는 시속 128.7km였다. 패스트볼보다 시속 17km 느렸다. 체인지업은 패스트볼처럼 보여야 타자를 속일 수 있다. 그렇다고 체인지업 스피드를 인위적으로 높일 순없다. 대신 피치 터널이 길면, 그래서 타자가 두 구종을 구분할 시간이 부족하다면 17km의 속도 차로도 충분히 속일 수 있다. 류현진의 체인지업 구종 가치가 높은 이유다.

2013년 MLB 진출 후에도 패스트볼과 체인지업의 조합으로 '투 피치'를 구사했던 류현진은 2017년 컷 패스트볼을 장착했다. 그가 "날 있게 해준 공"이라고 할 만큼 중요한 변화였다. 컷 패스트볼은 포심 패스트볼에 가까운 스피드(2019년 류현진의 경우 평균 시속 140km)로 날아간다. 그러다가 타자 앞에서 살짝 꺾인다. 변화 폭이 작은 대신 다른 변화구보다 빠르다. 컷 패스트볼은 포심 패스트볼과 터널을 공유하는 구간이 길어 타자의 판단을 어렵게 한다. 피치 터널 효과가 가장 큰 공 배합일 것이다.

류현진은 투심 패스트볼도 던진다. 싱커로 분류되기도 하는 이 공은 포심 패스트볼에 가까운 스피드로 날아가다 아주 살짝 가라앉는다. 터널 구간이 가장 길지만, 변화 폭이 작아 타자가 포심 패스트볼로 인식해 스윙해도 공을 맞힐 가능성이 크다.

류현진의 다섯 번째 무기는 커브다. 가장 느리며(2019년 평균 시속 116.9km), 가장 큰 변화(위에서 아래로)를 만든다. 터널 구간이 가장 짧을 것이다.

2017년 이전 류현진의 커브는 속도가 느리고 회전력이 약했다. 타자 머리 위에서 낙하하는 행잉hanging(낙폭이 크지 않은) 커브였다. 그러나 2018년 이후 류현진의 커브 회전수는 분당 2,500회로 상당히 높아졌다. 무엇보다 류현진의 커브는 터널 안으로 들어왔다. 타자의 가슴 높이를 향하다 땅바닥으로 가라앉는다. 다저스 시절 그의 동료였던 클레이튼 커쇼도 그의 커브 궤적 변화에 놀랐다고 한다. 류현진은 2018년 시범경기에서 "커브를 더 강하게 던져서 타자 앞에 떨어뜨리기 위해 노력 중"이라고 말한 적이 있다. 실제로 그렇게 했다.

류현진은 구종 습득 능력이 뛰어난 투수라는 평가를 받는다. 듣기 좋은 칭찬이지만, 그렇게 짧게 칭찬하고 끝낼 일은 아니라고 생각한다. 구종을 장착하거나 강화하기 위해서는 두 가지가 필요하다. 안정된 투구 폼과 엄청난 노력이다. 밝고 유머러스한 캐릭터와 달리 류현진은 보이지 않는 곳에서 엄청나게 훈련했을 것이다. 재능이 아무

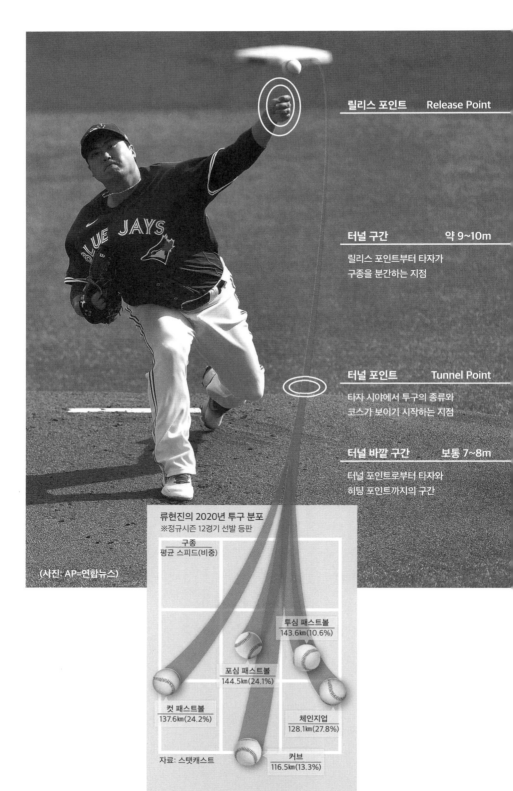

릴리스 포인트   Release Point

터널 구간   약 9~10m

릴리스 포인트부터 타자가
구종을 분간하는 지점

터널 포인트   Tunnel Point

타자 시야에서 투구의 종류와
코스가 보이기 시작하는 지점

터널 바깥 구간   보통 7~8m

터널 포인트로부터 타자와
히팅 포인트까지의 구간

(사진: AP=연합뉴스)

류현진의 2020년 투구 분포
※정규시즌 12경기 선발 등판

구종
평균 스피드(비중)

투심 패스트볼
143.6km(10.6%)

포심 패스트볼
144.5km(24.1%)

컷 패스트볼
137.6km(24.2%)

체인지업
128.1km(27.8%)

커브
116.5km(13.3%)

자료: 스탯캐스트

리 뛰어나도 MLB 레벨에 있는 선수의 구종이 단기간에 그렇게 좋아질 수 없다. 또 하나. 류현진의 안정된 밸런스가 커브를 빠르게 흡수했을 것이다. 하체로부터 시작해 릴리스까지 이어지는 류현진의 동작은 너무나 자연스럽다. 투수에게 가장 중요한 기본기가 탄탄하기에 응용 기술(커브) 장착 효과가 큰 것이다.

그림으로 보면 피치 터널을 이해하기는 그리 어렵지 않다. 하루나 이틀이면 이론을 이해할 수 있다. 관건은 피치 터널을 어떻게 만드느냐다. 그건 평생을 투자해도 어려운 일이다.

매덕스는 30년 전에 알고 있었다

앞서 '플라이볼 혁명은 현상에 대한 설명이며, 최적의 히팅 포인트에서 강한 타구를 만드는 게 타격의 본질'이라고 썼다. 피치 터널도 마찬가지다. 터널 이론은 어떤 투구가 좋은지를 소개하는 툴이다. 중요한 건 피치 터널을 어떻게 만드느냐에 대한 논의다.

2017년 6월 하드볼타임스의 '피치 터널링: 투수들은 실제로 어떻게 공을 던질까Pitch Tunneling: Is It Real? And How Do Pitchers Actually Pitch?'라는 칼럼을 참고할 만하다. 어떤 투수들은 터널 포인트에 작은 후프를 설치해서 모든 공이 이곳을 통과하도록 훈련했다. 그러나 MLB 투수 전문가들은 이런 훈련법에 비판적이었다고 한다. 타자는 공이 터널에서 빠져나와야 구분할 수 있다. 그건 타자 눈에만 그럴 뿐이다.

투구는 터널에 들어가기 전에, 즉 투수가 공을 놓는 순간 궤적이 이미 정해져 있다. 그래서 피치 터널을 연구하는 전문가들은 "중요한 건 투구마다 몸의 움직임을 정확히, 똑같이 하는 데 초점을 맞춰야 한다"고 말한다. 그래서 후프가 필요 없다는 것이다.

너무나 당연한 말이다. 투수는 터널 포인트를 의식하며 던질 게 아니라 릴리스 포인트를 일정하게 만드는 데 집중해야 한다. 하드볼타임스는 이를 위한 요소로 투수판을 밟는 위치, 투구 템포, 스트라이드의 거리와 방향, 피니시와 폴로 스루 등의 정확성과 일관성이 필요하다고 했다. 이 기사는 "좋은 투구 동작을 반복하는 것이 터널을 형성하기 위한 노력의 전부"라고도 주장했다. 시속 100마일의 강속구를 뿜어내는 투수가 안정된 폼으로 변화구까지 잘 던진다면, 그래서 피치 터널까지 잘 활용한다면 정말 완벽할 것이다. 그러나 야구의 신은 지금까지 그런 투수를 세상에 내려보내지 않았다.

속도의 시대인 지금, 시속 100마일 강속구를 뿜어내는 재능보다 90마일의 공을 효과적으로 던지는 메커니즘이 더 희귀하다. 2019년 류현진이 MLB 전체 평균자책점 1위에 오른 것이 그 증거다.

피치 터널이 하루아침에 만들어진 이론은 아니다. 그에 앞서 '우유 기둥Column of milk'이라는 개념이 있었다. 그렉 매덕스가 주장한 이론이다. 세이버메트릭스 전문 사이트인 베이스볼 프로스펙터스는 2017년 우유 기둥을 설명하는 기사를 이렇게 시작했다.

나는 투수들의 피칭을 지켜봤다. 그 가운데 한 명인 왼손 투수 스티브 에이버리Steve Avery는 시속 153km가 넘는 빠른 공을 던졌다. 그의 커브는 크게 휘었다. 아주 위력적이었다. 다른 한 명은 오른손 투수였다. 포심 패스트볼, 투심 패스트볼, 슬라이더, 체인지업을 던졌다. 그는 대학생 투수 수준보다는 조금 나아 보였다. 그러나 특별하지 않았다. 위력적이지 않았다.

이 기사를 쓴 기자는 포수 3~4m 뒤에 앉았다고 한다. 아주 가까이서 두 투수가 던지는 공을 생생하게 목격했다. 왼손 투수는 무서울 만큼 강해 보였고, 오른손 투수는 그저 그랬다고 한다. 그 기자가 '대학생 수준보다 조금 낫다'고 평가한 투수는 매덕스였다. 매덕스는 MLB 역사상 최초로 4년 연속(1992~1995년) 사이영상을 받았다. 17년 연속(1988~2004년) 15승 이상, 20년 연속 10승(1988~2007년) 이상을 기록하는 등 MLB 통산 355승(227패 평균자책점 3.16)을 거둔 전설적인 투수다.

기자는 참 이상했을 것이다. 매덕스의 피칭이 겨우 이거라고? 뭔가 특별한 무기를 숨긴 것 아닐까? 이렇게 의심했을 것이다. 매덕스는 기자에게 "이것이 내가 가진 전부"라고 말했다고 한다. 그리고 그는 설명을 이어갔다.

"변화구가 꺾이는 각도가 큰 건 중요하지 않다. 내 변화구는 늦게, 확 꺾이는late quick break 것이 목표다. 공이 많이 꺾이기 위해서는 방향을 일찍 바꿔야 한다. 그만큼 타자에게 생각하고 반응할 시간을 준다. 투구의 변화가 늦게 일어나면 타자가 대응할 시간이 적어진다. 투구에 대한 정보를 타자에게 최대한 늦게 줘야 한다."

이어 매덕스는 "모든 투구는 서로 가까워 보여야 한다. 투수가 던지는 모든 공이 홈플레이트를 향하는 우유 기둥처럼 보이게 하는 게 목표"라고 말했다.

모든 투구가 가까워 보인다는 건 패스트볼과 변화구의 궤적 차이를 최대한 줄여야 한다는 뜻이다. 구종에 따라 공의 궤적은 당연히 달라진다. 그러나 투수의 손을 떠난 공이 어느 지점까지는 비슷하게 비행해야 한다는 게 매덕스의 투구 철학이었다. 그가 비유한 우유 기둥을 떠올려 보자. 우유를 컵에 따르면 기둥처럼 한 줄로 내려오다가 점점 갈라지게 된다. 야구공도 흰색이니까 여러 투구를 겹쳐 놓는다면 우유 기둥과 비슷한 모양이 될 것이다.

매덕스는 크게 꺾이는 변화구보다 패스트볼과 비슷한 궤적의 변화구를 던지려고 노력했다. '타자에게 보이는 것'보다 '타자를 속이는 것'이 더 중요하다는, 피칭의 본질을 그는 너무나 잘 알았다. 매덕스의 피칭을 스피드와 변화각 만으로 감상한다면, 기자가 그랬던 것처럼 '대학생 투수보다 조금 나은 정도'라고 오판할 수 있다. 그러나 타석에 선 MLB 선수들은 매덕스의 공을 20년 가까이 제대로 공략하지 못했다.

매덕스는 모든 공을 '비슷한' 궤적으로 던지려 노력했다. 그러나 '똑같은' 공은 하나도 던지지 않았다. 타자들은 매덕스의 공을 칠 수 있다고 배트를 휘둘렀겠지만, 대부분 빗맞거나 헛스윙을 했다. 매덕스는 타자의 성향과 심리, 볼카운트 등을 고려했다. 이를 바탕으로 공을 다양하고 현란하게 던졌다. 우유 기둥 안으로 모든 공을 밀어넣었다. 기둥이 넓게 퍼진 뒤에는 타자가 이미 속은 뒤였을 것이다.

매덕스가 우유 기둥이라고 이름 붙인 이 투구 이론은 오늘날의 피치 터널과 다르지 않다. 그는 이미 20~30년 전에 모든 투구 궤적은 최대한 가까워야 한다는 걸 알았고, 이를 자신의 피칭에 적용했다.

매덕스가 가진 별명 중 가장 유명한 건 '컨트롤의 마법사'다. 그의 포심 패스트볼 대부분은 시속 140km대였다. 그러나 무브먼트가 뛰어난 투심 패스트볼로 타자를 압도했다. 30대 나이가 되어 구위가 떨어진 뒤 매덕스는 컷 패스트볼, 체인지업 등을 추가했다. 구종이 다양해진 덕분에 매덕스의 전성기는 더 오래 이어졌다. 만 41세에도 샌디에이고 파드리스 유니폼을 입고 14승을 올렸다. 매덕스의 피칭을 다양성과 정확성으로만 설명하기는 부족하다. 그는 타자를 속일 줄 알았다. 그 핵심 기술이 20세기의 '우유 기둥', 21세기의 '피치 터널'이다.

공간을 지배하면 0.045초를 훔친다

매덕스의 스토리와 류현진은 닮았다. 2019년 5월 8일 당시 다저스에서 뛰었던 류현진은 애틀랜타 브레이브스를 상대로 9이닝 93개의 공을 던지며 4피안타 무사사구 6탈삼진 무실점 완봉승을 거뒀다. 외신들은 "류현진이 '매덕스 게임'을 완성했다"고 썼다. '매덕스 게임'이란 투구 수 100개를 넘기지 않고 9이닝을 완봉으로 막아낸 경기를 뜻한다. 매덕스가 투구 수 100개 미만으로 완봉승을 기록한 경기는 통산 13차례(통산 완봉승 35번)나 된다. 류현진이 2019년 중반 1점대 평균자책점을 기록할 때, 여러 외신과 MLB 관계자들은 그를 매덕스와 비교했다. 스포츠 전문 매체 ESPN은 '새로운 매덕스? 건강한 류현진이라면 거의 그렇다'는 제목의 기사를 썼다.

류현진과 '매덕스 게임'을 함께 완성한 포수가 러셀 마틴이었다. 그는 2006년과 2008년에 매덕스와 배터리를 이룬 적이 있다. 마틴은 ESPN과의 인터뷰에서 "류현진이 던진 공 93개 중 58개를 받을 때 미트를 움직이지 않았다"고 말했다. 그만큼 류현진의 제구가 뛰어났다는 뜻이다.

앞서 서술한 대로 마틴은《빅데이터 베이스볼》의 주인공 중 하나다. 볼이 될 수 있는 공을 스트라이크 판정을 받게 만드는 포구 능력(프레이밍)이 빼어난 포수다. 그래서 투구의 진수를 잘 알 것이다. 그런 마틴에게 류현진은 매덕스의 피칭을 재현해줬다. 난 이런 말들이 류현진에 대한 많은 평가 중에서 가장 돋보이는 '특급 칭찬'이라고 생각한다. 매덕스의 투구에는 힘과 기술뿐 아니라 전략과 통찰력까지 담겨 있기 때문이다. 우리 선수들은 시속 100마일 이상의 강속구를 뿌리는 아롤디스 채프먼(뉴욕 양키스)이 될 확률보다 류현진처럼 성장할 가능성이 더 크다고 본다.

피치 터널은 단지 공간의 문제가 아니다. 터널이라는 공간적인 개념뿐 아니라 시간적인 측면에서 다시 살펴볼 필요가 있다. 로버트 어데어Robert Adair 미국 예일대 명예교수의 저서《야구의 물리학》은 투수와 타자의 '시간 싸움'을 잘 설명하고 있다.

투수판과 홈플레이트의 거리는 18.44m다. 투수가 스트라이드를 해서 공을 던지기 때문에 릴리스 포인트와 타자의 히팅 포인트의 거

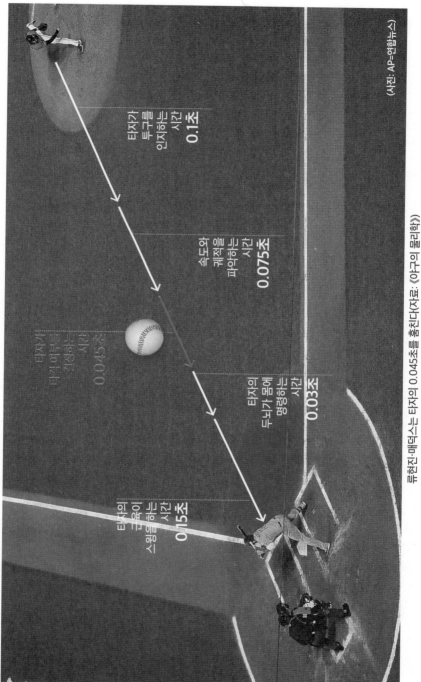

타자기 투구를 인지하는 시간 **0.1초**

속도와 궤적을 파악하는 시간 **0.075초**

타자기 배트의 부를 결정하는 시간 **0.045초**

타자의 두뇌가 몸에 명령하는 시간 **0.03초**

타자의 근육이 스윙을 명령하는 시간 **0.15초**

(사진: AP=연합뉴스)

류현진-매덕스는 타자의 0.045초를 훔친다(자료: 《야구의 물리학》)

리는 약 17m다. 어데어 교수는 투수가 시속 145km의 패스트볼을 던진다고 가정했다. 이에 따라 타자가 해야 할 일을 시간별로 계산했다.

패스트볼이 17m를 날아가는 시간은 0.4초에 불과하다. 투수의 손을 떠난 공이 타자의 시야에 들어오기까지 0.1초가 걸린다고 한다. 이후 타자가 공의 속도와 궤적을 파악하는 데 0.075초가 더 필요하다.

이제 타자의 시간으로 가보자. 사람의 눈이 강한 빛에 반응해 깜빡하는 데 0.15초가 걸린다. 타자가 공을 보고 타격을 해야겠다고 결심하면, 두뇌가 근육에 신호를 보내는 시간(0.03초)이 필요하다. 따라서 타자마다 차이는 있지만, 스윙에는 0.18초가 소요된다. 타자가 어프로치를 한 이후에도 투구를 보면서 스윙을 조금 수정하거나 멈출 순 있다. 그러나 타자가 스윙을 일단 시작했다면, 타이밍과 궤적은 거의 정해졌다고 봐야 한다.

다시 정리하면, 타자가 투구를 파악하는 최소 시간(0.175초)과 타자가 스윙하는 최소 시간(0.18초)이 필요하다. 두 시간을 더하면 0.355초다. 이론상 투구의 비행시간인 0.4초 중에서 0.045초의 시간이 타자에게 더 있는 셈이다. 이건 판단하는 시간이다. 이 찰나의 시간에 타자는 스윙 여부를 결정한다. 타자가 투구의 궤적을 예측했다면 0.045초가 필요 없을 수 있다. 타자들이 시속 145km의 패스트볼은 물론 160km의 강속구도 공략하는 이유다.

투수 입장에서는 타자에게 주어진 0.045초를 최소화하거나 없애려고 노력해야 한다. 이를 위한 가장 쉬운 방법은 투수가 더 빠른 공을 던지는 것이다. 그러나 누구나 160km 이상의 강속구를 던질 수 있는 게 아니다. 심지어 그것조차 완벽한 방법이 아니다. 타자의 물리적인 시간을 빼앗을 수 없다면? 타자의 시야를 흔들어서 타자의 시간을 훔쳐야 한다. 그 방법이 바로 스트라이크와 볼을 구분하기 어렵게 공을 던지는 것이고, 피치 터널을 최대한 길게 만드는 것이다.

긴 터널을 만드는 데 마법이 필요한 건 아니다. 앞서 언급했지만, 터널에 들어가기 전 투구의 방향과 속도는 이미 정해져 있다. 안정적인 폼으로 일정한 릴리스 포인트를 만드는 게 피치 터널의 시작이자 끝이다. 이런 재능은 강속구를 던지는 것보다 더 귀중하다. 속도만이 무기가 아니다. 류현진처럼 시간과 공간을 잘 활용한다면 세계 최고의 투수가 될 수 있다. 시간을 이용한다는 말은 일정한 템포로 던

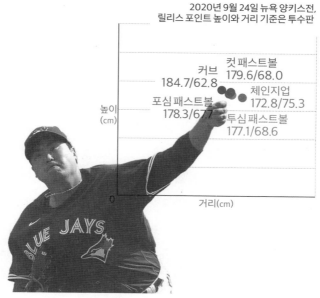

류현진의 구종별 평균 릴리스 포인트(자료: 브룩스베이스볼)

진다는 걸 뜻한다. 어떤 공을 어디에 던져도 투구 폼에 일관성이 있어야 한다는 것이다. 당연한 말 같지만, 이는 수준급 투수에게도 매우 어려운 일이다. 패스트볼을 던지는 투수는 동작이 빨라지는 경향이 있다. 커브 같은 느린 변화구를 던질 때는 템포가 느려진다. 투수에 따라 정도의 차이가 있을 뿐, 피칭 템포가 완벽하게 똑같은 투수는 없다. 타자는 투수의 템포에 타이밍을 맞춘다. 눈썰미가 좋다면 구종도 예측할 수 있다. 투구 템포는 데이터로 나오지 않지만, 타자가 미묘하게 느낄 순 있다. 매덕스나 류현진도 동작의 템포가 완벽하게 똑같지는 않을 것이다. 그러나 타자의 시간을 빼앗는 이들의 능력은 완벽에 가깝다.

피치 터널은 '공간 싸움'이다. MLB 통계 전문 사이트 '브룩스베이스볼' 그래프를 보면 류현진의 릴리스 포인트는 일정하게 형성되는 것을 볼 수 있다. 류현진은 2020년 9월 24일 뉴욕 양키스에서 정규시즌 마지막 등판을 했다. 그는 이날 과거 부진했던 양키스를 7이닝 무실점으로 막아내며 승리로 이끌었다. 이 중요한 승부에서 류현진은 전혀 급하지 않았다. 달려들지 않았다. 이날 그의 릴리스 포인트 높이는 구종과 관계없이 180cm 선으로 거의 일정했고, 수평 릴리스 포인트는 약간의 차이가 있었다. 몸에서 가장 가까운 포인트에서 던지는 커브(62.8cm)와 가장 먼 체인지업(75.3cm)의 차이는 최대 12.5cm다. 이 정도 차이는 타자의 눈으로 식별하기 어렵다.

또 하나. 류현진의 릴리스 포인트 편차를 보고 폼이 흔들렸다고 보기 어렵다. 똑같은 폼으로 던져도 하이 패스트볼이나 커브를 던질 때는 공을 조금 일찍 놓아야 하기 때문이다. 타자의 몸쪽과 바깥쪽을

번갈아 공략할 때도 팔 각도가 달라지는 건 아니다. 투구 폼은 같고, 내딛는 발의 방향이 몇 cm 달라지는 것이다. 류현진은 그런 수준에서 피칭하고 있다.

투수의 파워는 속도만이 아니다

2020년 류현진은 리그와 홈구장이 바뀐 상황에서도 일정한 릴리스 포인트를 유지했다. 또 투구 템포의 차이가 거의 없었고, 언제나 그랬듯이 백스윙 때 디셉션이 뛰어났다. 이런 투수를 상대하는 타자로서는 미리 준비할 게 별로 없다. 스윙하기도 전에 타자의 승률이 낮아지는 것이다. 여기에 류현진처럼 좋은 폼으로 정확하게 던졌다면 공은 깜깜한 터널 안으로 들어갈 것이다. 그리고 타자의 0.045초를 훔칠 것이다. 시간과 공간을 지배하는 투수는 강속구 없이도 타자를 압도할 수 있다.

매덕스의 나이가 30대 후반이었던 2000년대 초, MLB는 배리 본즈 Barry Bonds의 시대였다. 그는 2000년 이후 4년 동안 무려 213홈런을 때렸다. 금지 약물 복용 사실로 인해 얼룩지긴 했지만, 본즈는 MLB 통산 최다 홈런(762개)을 기록한 타자다. 최전성기(2000~2003년)였던 본즈를 매덕스는 피안타율 0.222(18타수 4안타)로 막았다. 홈런은 하나도 내주지 않았다. 본즈는 훗날 방송 인터뷰에서 "매덕스는 0볼-2스트라이크에서 (3구 삼진을 잡겠다고) 들어온다. 그가 파워 피처가 아니라면 도대체 누가 파워 피처인가"라고 되물었다.

매덕스와 본즈의 대결을 보면, 류현진과 마이크 트라웃Mike Trout (LA 에인절스)이 떠오른다. 2019년 류현진 피칭의 하이라이트 중 하나는 6월 10일 에인절스전에서 트라웃을 세 번이나 잡은 장면이었다. 1회 직선타에 이어, 3회에는 삼진 처리했다.

류현진은 5회 2사 1·3루 위기에서 트라웃을 다시 삼진(컷 패스트볼)으로 잡아냈다. 현역 최고 타자를 통산 10번 상대해 무안타(4탈삼진)로 막아낸 류현진은 주먹을 불끈 쥐었다. 배트를 헛돌린 트라웃의 실망한 표정이 기억난다. 20대 나이에 이미 302홈런을 때렸고, MLB 최고 연봉(12년 총액 4억 2,650만 달러)을 받는 트라웃이 류현진의 '파워 피칭'에 압도당했다.

투수의 파워는 속도만을 의미하지 않는다. 시간과 공간을 지배하는 힘이 투수에게 아주 중요한 역량이다.

7th Inning

겸손하게 훈련하고,
거침없이 승부하라

미로에서 헤매지 말자

투수는 가끔 마운드를 떠날 필요가 있다. 특히 뭔가 잘 풀리지 않을 때 그러는 게 좋다. 던지는 일을 멈추라는 게 아니라 다른 시점에서 야구를 바라보라는 뜻이다. 복잡한 미로에서 길을 잃었을 때 바쁘게 돌아다녀 봐야 엉뚱한 곳에서 헤매기 십상이다. 아예 처음부터 다시 시작하는 편이 더 나을 수 있다.

태어날 때부터 투수인 사람은 없다. 동네 야구를 시작해서 프로 입단 전까지는 수비도, 타격도 해봤을 것이다. 복잡할 때는 포수 뒤로 가보자. 거기서 투수의 공을 바라보면 여러 가지 생각이 들 것이다. 아니면 배트를 들고 타석에 서도 좋다. 마운드로부터 18.44m 떨어진 홈플레이트에서는 시속 140km의 패스트볼이라도 아주 빠르게 느껴진다. 슬라이더가 꺾이는 걸 보면 움찔할 것이다. 프로 레벨에서 뛰는 선수라면 그 정도 기량을 가지고 있다. 투수는 생각보다 빠르고 어려운 공을 던진다. 타자는 그걸 또 쳐낸다.

2021년 2월 KBO리그의 스프링캠프를 순회하면서 젊은 투수들에게 가장 많이 받은 질문은 "선수 때 어떤 마음가짐으로 마운드에 올랐나요"였다. 나는 선수들에게 늘 이렇게 강조했다.

"훈련 때는 네가 가장 못 하는 선수라고 생각해라. 그리고 경기에서는 네가 최고라고 믿어라."

모든 일이 그렇듯 준비는 철저해야 한다. 훈련하는 동안에는 나의 어떤 점이 부족한지 정확히 알아야 한다. 그리고 약점을 극복하기 위해 부단히 노력해야 한다. 겸손하고 성실해야 한다. 철저히 훈련하되 실전에서는 내가 최고라고 믿어야 한다. 자만심을 가져선 안 되지만, 자신감을 잃는 건 정말 최악이다. 에세이《야구는 선동열》에서도 언급했지만, 나는 성공만 경험한 선수가 아니었다. 선수 생활 내내 고비가 있었다. 박찬호, 류현진 등 나보다 뛰어난 업적을 이룬 선수들에게도 위기가 있었을 것이다. 세상의 모든 성공은 실패를 극복한 결과다. 그래서 훈련할 때는 최선을 다해야 하고, 경기할 때는 최고가 되어야 한다. 그리고 그 결과를 담담히 받아들여야 한다. 나는 야구를 통해 그걸 배웠다.

난 1985년 7월 2일 해태 타이거즈 유니폼을 입고 프로 마운드에 처음 올랐다. 대구에서 삼성 라이온즈를 상대해 7회까지 4피안타 무실점으로 막았다. 그러나 8회 아웃카운트 2개를 잡는 동안 5피안타 5실점했다. 그날 삼성의 선발 투수는 그해 다승왕(25승) 김일융 선배였다. 데뷔전에서 난 패전투수가 됐다. 당시 난 인터뷰에서 "좋은 경험을 얻었습니다. 데뷔전에서 승리투수가 됐다면 자만심에 들떴을지도 모릅니다. 패전투수가 된 것이 앞으로의 프로 생활을 위해 잘 된 것 같습니다"라고 말했다. 솔직한 심정이었다.

최동원 선배, 내 영웅이자 멘토

아마추어 시절 국가대표로 활약하긴 했지만, 프로 무대에서 내 공이 통한다는 보장은 전혀 없었다. 데뷔전에서 나는 7회까지 자신감을 얻었고, 8회에는 겸손을 배웠다. 이후 제법 좋은 성적을 냈다. 그래도 난 최고라고 생각하지 않았다. 국가대표 시절부터 존경했던 고故 최동원 선배가 롯데 자이언츠에 계셨기 때문이다.

1980년대에는 훌륭한 투수가 여럿 있었지만, 내게는 최동원 선배가 가장 특별했다. 아마추어 시절부터 선배의 피칭을 보면 입이 떡 벌어졌다. 1982년 세계선수권대회에서 선배를 가까이에서 볼 기회가 있었다. 다이내믹한 투구 폼, 강력한 패스트볼, 폭포수처럼 떨어지는 커브, 그리고 정확한 제구……. 모든 게 경이로웠다. 그리고 선배를 이겨보고 싶었다. 기회는 우연히 찾아왔다. 내가 프로 2년차였던 1986년 4월 19일, 부산에서 최동원 선배와 맞대결한 것이다. 당시 최동원 선배는 12연승 중이었다. 내게는 져도 그만인 승부였다. 팽팽한 투수전은 나의 프로 첫 완봉승(9이닝 6피안타)으로 끝났다. 최동원 선배는 5피안타 1실점(3회 송일섭 선배에게 피홈런)으로 완투패 했다. 운이 좋았다. 그래도 어쨌든 이긴 건 이긴 것이다. 최동원 선배와 '맞짱'을 떠서 밀리지 않은 것만으로도 자신감이 생겼다. 그해 내가 24승을 거둔 원동력이었다.

1986년 8월 19일 부산에서 최동원 선배와 두 번째로 대결했다. 내가 1회 2실점(비자책)하며 패전투수가 됐지만, 그래도 괜찮았다. 영화

〈퍼펙트게임〉이 그려 낸 것처럼 우리는 1987년 5월 16일 부산에서 선발 맞대결을 벌였다. 15회까지 2-2 무승부를 기록한 경기에서 한 발도 물러서지 않고 완투했다. 내가 232구, 선배가 209구를 던졌다. 우리의 선발 맞대결은 1승 1무 1패로 끝났다. 이 외에도 우리가 선발과 불펜으로 짧게 만난 경기가 네 차례 더 있었다.

나의 영웅이었던 최동원 선배와 대결한 경험은 내게 큰 자산이 됐다. 선배로부터 나의 부족한 점을 배울 수 있었고, 선배와 경쟁하며 자신감을 가질 수 있었다. 미디어와 팬은 우릴 라이벌로 인식하지만, 우린 그렇지 않았다. 소속팀이 다르고 고향도 달랐지만 최동원 선배는 내게 형과 같았다. 가끔 불러내서 밥도 사 주셨다. 반주로 술 몇 잔을 마시는 날에도 늘 야구 얘기만 하셨다.

"동열아, 몸 관리 잘해라. 투수에게 피로가 쌓이면 갑자기 가버리는 수가 있다."

"시키는 대로 다 하다가는 몸이 망가질 수 있다. 항상 네 생각을 가지고 훈련하고, 등판해라."

몸 관리의 개념조차 없던 1980년대, 최동원 선배는 내게 금쪽같은 말을 해주셨다. 1984년 한국시리즈 7경기 중 4번이나 등판할 만큼 많은 공을 던졌던, 그래서 불꽃처럼 타올랐던 선배의 절절한 가르침이었다.

젊은 선수들과 만나서 최동원 선배 얘기를 많이 했다.

"멘토를 꼭 만들어라. 그리고 꼭 이기려고 노력해라."

운 좋게도 내게는 훌륭한 경쟁자이자 조력자가 있었다. 최동원 선배에게 졌을 때 나를 객관화해서 들여다볼 기회를 얻었다. 선배를 이

긴 뒤 얻은 자신감은 어마어마했다.

투수의 걸음마, 스텝 앤드 스로

나에게 가장 큰 실패는 1996년에 찾아왔다. 그것도 낯설고 외로운 일본에서였다. 그해 난 주니치 드래건스에 입단했으나 부진을 거듭한 끝에 2군으로 떨어졌다. 난 충분히 준비하지 못한 채 일본 타자들을 상대했다. 내 부족함도 있었지만, 그들의 분석력과 정교함에 당했다. 한국에서 국보國寶라는 칭호까지 얻었던 나는 하염없이 무너져 내렸다. 내가 던진 공을 일본 타자들이 펑펑 때려낼 때 나의 자존심도 함께 날아가는 것 같았다. 야구가 어려운 정도가 아니라 무서웠다. 싫었다.

그해 9월 호시노 센이치 드래건스 감독은 "내년 시즌을 준비하라"며 내게 하이사이리그로 가라고 지시했다. 그곳은 2군도 아니라 신인급 선수들이 참가하는 2.5군 내지 3군 수준의 교육리그였다. 그때는 이미 내게 분노나 슬픔조차 남아있지 않을 때였다. 덕분에 내 실패를 인정하고 처음부터 다시 시작할 수 있었다. 그해 10월 또 한 분의 멘토를 만났다. 드래건스 재활군의 이나바 미쓰오 투수코치였다. 그가 내게 물었다.

"투수에게 가장 중요한 게 뭐죠?"

"캐치볼부터 시작하죠."

"그럼 캐치볼에서 가장 중요한 건?"

"스텝 앤드 스로step and throw* 아닌가요?"

"그럼 거기서부터 시작합시다."

난 기본을 잊고 있었다. 피칭 밸런스가 무너진 것도 몰랐다. 그걸 모른 채 마운드 위에서 힘겹게 싸우고 있었다. 이나바 코치의 도움을

* 스텝 앤드 스로

앞으로 걸어가며 공을 던지는 동작. 동네 야구 선수라도 이 동작은 모두 해 봤을 것이다. 앞에 굴러온 공을 잡아서 던질 때 자신도 모르게 몇 걸음을 걷 게 된다. 자연스럽게 힘을 모으는 동작이다. 그게 중심 이동이고, 피칭 밸런 스다. 학생 선수들부터 MLB 투수들까지 모두에게 중요한 기본기다.

스탯캐스트 덕분에 MLB는 야수들의 송구 스피드도 정확하게 측정하 고 있다. 2016년 4월 20일 뉴욕 양키스의 좌익수 애런 힉스Aaron Hicks 는 시속 105.5마일(170km)의 송구를 뿜어냈다. 최근 MLB에서는 시속 150~160km의 '강송구'가 드물지 않다.

그렇다면 외야수가 투수보다 더 빠른 공을 던지는 것일까? 그건 아니다. 투 수는 마운드에 선 채로 공을 던지지만, 외야수는 몇 걸음 달려 나와서 공을 잡은 뒤 한 스텝을 더 밟고 던진다. 제자리멀리뛰기를 할 때보다 삼단뛰기 를 할 때 더욱 큰 추진력을 얻는 것처럼, 스텝은 도움닫기 역할을 한다. 요 즘 MLB 투수들에게 화제가 되고 있는 피칭 실험실 '드라이브라인'의 목표 도 결국 좋은 밸런스를 찾는 것이다. 예전과 달리 과학적인 데이터와 인프 라를 이용할 뿐이다.

내가 스텝 앤드 스로만큼 강조하는 게 러닝이다. 트레이닝의 발달로 하체 강화 훈련법이 다양화했다. 그래도 러닝이 중요한 이유는 이를 통해 밸런 스를 개선할 수 있기 때문이다. 사람마다 걸음걸이가 천차만별이듯, 각자 적합한 투구 폼도 다르다. 그래서 러닝과 스텝 앤드 스로를 통해 최적의 밸 런스를 찾을 수 있다.

선동열 야구학

받아 스텝 앤드 스로를 반복했다. 처음엔 세 걸음을 내딛고 공을 던졌다. 밸런스가 잡혔다 싶으면 두 걸음 후 던졌다. 그다음 한 스텝만 밟고 던졌다. 이런 과정을 거쳐 마운드에 서면 중심 이동이 원활해졌다. 그렇게 반복하면서 기본을 찾았다.

몇 주가 지나자 밸런스가 잡히기 시작했다. 12월 한국에 돌아왔으나 그 짧은 휴식기조차 아까웠다. 그래서 일본으로 돌아가 세탁 일을 하시는 하시모토 기미오 씨의 도움을 받아 훈련했다. 그때도 스텝 앤드 스로가 기본이었다. 이듬해 난 재기에 성공했다.

드래건스 2군에서, 그리고 교육리그에서 뛰면서 난 밑바닥까지 추락했다. KBO리그 출신으로 역사상 처음 해외리그에 진출한 나의 부진은 개인의 실패만이 아니라고 생각했다. 그래서 더 아팠다. 괴로웠다. 포기할 수는 없었다. 내가 최고의 상태일 때 일본 타자들에게 졌다면 패배를 깨끗이 인정했을 것이다. 하지만 난 스스로 무너져 있었다. 나와의 싸움에서 졌는데 누굴 이길 수 있단 말인가? 그래서 난 과거의 나와 싸웠다. 실패한 나와 싸웠다.

위기를 극복해낸 기억은 훗날 든든한 자산이 됐다. 실패를 먼저 경험한 선배로서 젊은 후배들에게 조언했다.

"어려워도 위축되지 말자. 당당하자. 나 자신에게 부끄럽지 않도록 최선의 노력을 다하자. 그렇다면 어떤 결과도 받아들일 수 있다. 열심히 훈련하고, 포수와 상의해서 결정하고, 자신 있게 공을 던져라. 어떤 결과가 나와도 후회하지 말라. 실패해도 다시 하면 된다. 야구는 길고, 인생은 더 길다."

자신감을 갖는 건 단지 심리적 무장을 의미하지 않는다. 위축된 선수는 플레이할 때 어딘가 힘이 들어가기 마련이다. 1996년의 나처럼, 그건 부진과 부상으로 이어진다. 자신감이 있다면 몸이 굳지 않는다. 최적의 밸런스로 최고의 폼을 만들 수 있다. 져도 이겨내고, 실패해도 다시 일어나야 한다.

내가 LG 트윈스 스프링캠프를 다녀간 뒤 LG 투수 고우석의 코멘트가 실린 기사가 나왔다.

"선동열 감독님에게 슬라이더 던지는 법을 여쭤보지 못했다. 선 감독님이 다른 투수에게 설명한 슬라이더 그립*에 대해 듣긴 했는데, 부족하다. 직접 배우고 싶다."

고우석의 말이 참 고마웠다. 내 슬라이더 그립은 워낙 독특해서 어떤 도움을 줄지 모르겠다. 그래도 고민하고, 질문하고, 토론하는 과정에서 서로 배울 게 있을 것이다.

> *** 슬라이더 그립**
> 패스트볼처럼 비행하다가 옆으로(그리고 약간 아래로) 휘는 구종. 투수마다 던지는 법이 다르지만, 보통 검지와 중지를 모아 비틀어 던진다.
> 슬라이더는 선수 시절 내 주무기였다. 그래서 내게 그립grip(손에 쥐는 법)을 물어보는 선수들이 많았다. 그러나 내가 알려준 대로 던지는 투수를 못 봤다. 대부분은 "어떻게 그렇게 던지느냐"며 고개를 갸웃했다. 나는 손가락이 매우 짧은 편이라 변화구 구사에 어려움이 있었다. 투수로서 상당한 콤플렉스였다. 슬라이더의 회전력을 늘리기 위해 독특한 그립으로 던지기 시작했다. 고교 시절 방수원 선배로부터 배운 방법을 10년 넘게 발전시켰다. 중지를 공 솔기에 걸치고, 검지를 중지 위에 살짝 올렸다. 즉 중지 하나로 솔기를 챘다. 외국인 투수가 내게 슬라이더 그립을 물어온 적도 여러 번 있었다. 내가 공을 쥐어 보이면 죄다 웃었다. 손가락이 긴 그들에게는 정말 해괴한 그립으로 보였을 거다.

캠프 기간 선수들과 개별적으로 대화할 시간은 그리 많지 않았다. 기회가 되면 나도 더 많은 선수와 얘기하고 싶다. 내가 가르치는 게 아니라 최신 야구 이론에 대해 의견을 나누고 싶다. 투수가 마운드에서 잠깐 내려와서 포수석이나 타석에 서보는 것처럼, 나도 다른 시각과 정보를 계속 얻고 싶다.

터널은 '수단'으로서 중요하다

다시 피치 터널 이론으로 돌아와 보자. 그렉 매덕스나 류현진 같은 '마스터급' 투수는 피칭의 본질을 알고 있다. 다른 투수들에 비해 빠르지 않은 공으로 타자를 압도하는 이유는 타자가 치기 어려운 공을 안정된 밸런스로 던지기 때문이다. 자신의 피칭을 발전시키기 위해 공 배합을 더 연구해야 한다. 우리 투수들은 어려서부터 포수의 리드에 지나치게 의지하는 경향이 있다. 물론 포수의 의견도 따라야겠지만, 공은 투수가 던진다. 내가 납득하고, 자신 있게 던져야 한다. 그래야 결과가 나쁘더라도 후회하지 않을 수 있다.

피치 터널을 분석한 하드볼타임스의 칼럼은 이 논의를 투구의 초점focal point과 공 배합으로 끌고 갔다.

투수에게 "패스트볼을 어떻게 제구하느냐"고 물어보면 대부분 "포수 미트를 보고 던진다"고 답한다. 패스트볼이라고 직선으로 날아가지는 않는다. 직구直球라는 표현은 그래서 정확하지 않다. 그렇다고 해도 패스트볼이 가장 제구하기 쉬운 구종인 건 틀림없다. 변화구와 달리 패스트볼은 손가락을 비틀어 던지지 않기에 그 과정이 복잡하지 않다. 패스트볼의 제구가 투구의 기본인 이유다. 이를 위해 모든 노력을 아끼지 않아야 한다.

이 글을 쓴 투수 전문가 댄 블레웻은 "프로 레벨이라고 해도 변화구를 어떻게 제구하는지 모르는 투수가 대부분"이라고 했다. 내 경험으로도 변화구를 제대로 제구하는 투수는 매우 드물다. 이는 릴리스 포인트가 불안정하기 때문이기도 하고, 자신의 변화구가 얼마나 꺾이는지 모르는 이유도 있다. 패스트볼의 목표점이 포수 미트인 것처럼, 변화구도 초점이 필요하다. 커브, 슬라이더, 체인지업, 심지어 투심 패스트볼(싱커)까지 어디서 얼마나 꺾이는지 스스로 발견해야 한다. 그래야 연속된 투구에서 터널 효과를 볼 수 있다.

최근 터널 효과를 가장 잘 보는 구종은 하이 패스트볼 같다. 스트라이크존 상단을 공략하는 이 공은 몇 년 전만 해도 투수에게 매우 위험하다고 여겨졌다. 타자 시야에서 가까워 투구 궤적을 잘 볼 수 있는 데다, 레벨 스윙을 하는 타자에게 라인 드라이브 타구를 맞을 가능성이 크기 때문이다. 그러나 투수들의 구속이 빨라지면서 하이 패스트볼을 공략하기 꽤 어려워졌다. 또한 '플라이볼 혁명' 후 타자들이 어퍼컷 스윙을 즐겨 하는 것도 이 구종을 재평가하게 했다. 하강 각도가 작은 하이 패스트볼과 아래에서 위로 퍼 올리는 스윙이 만나는 지점(콘택트 존)이 작기 때문이다.

베테랑 투수 릭 포셀로Rick Porcello는 보스턴 레드삭스에서 뛰었던 2018년 10월, 팬그래프닷컴과의 인터뷰에서 흥미로운 말을 했다.

"내가 빅리그에 데뷔했던 2013년에는 하이 패스트볼을 던지면 대부분 얻어맞았다. 지금은 하이 패스트볼을 던지면 죄다 삼진이다. 야구가 변하고 있는 거다."

당시 포셀로의 패스트볼 스피드는 평균 148km였다. MLB에서는 빠른 공이라고 할 수 없지만, 그의 하이 패스트볼은 타자에게 꽤 위협적이었다. 그가 던지는 커브, 체인지업, 싱커는 대부분 스트라이크존 아래쪽을 파고들었다. 타자들은 이 터널에서 공이 나오기를 기다렸다. 그러다가 하이 패스트볼에 의표를 찔리는 거였다. 류현진도 하이 패스트볼을 이런 방식으로 활용하는 것 같다. 이건 피치 터널의 활용과는 조금 다른 얘기다. 이렇듯 피치 터널이 만능 이론은 아니다.

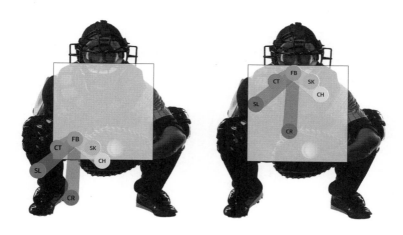

FB 패스트볼   CT 커터   SK 싱커
CH 체인지업   SL 슬라이더   CR 커브볼

블레웻은 하드볼타임스를 통해 두 개의 그림을 비교했다.

패스트볼과 슬라이더를 주로 던지는 투 피치two-pitch 투수의 경우를 생각해보자. 그에게는 하이 패스트볼, 그리고 스트라이크존으로 빠져나가는 낮은 슬라이더가 삼진을 잡는 데 가장 효과적일 것이다. 그러나 하이 패스트볼을 던진 뒤 터널링을 의식해 같은 궤적으로 출발하는 슬라이더를 던지면 어떨까? (오른손 투수와 오른손 타자의 대결인 경우) 스트라이크존 바깥쪽 중간 높이로 들어갈 것이다. 이 공은 타자가 좋아하는 코스다. 투수에겐 매우 위험하다.

투수에게 터널링은 하나의 수단일 뿐 목표일 수 없다. 피치 터널을 잘 활용하다가 역이용할 수 있다. 터널링을 제어할 수준이 아닌 투수에게는 별로 쓸모없는 이론일 수 있다. 어쨌든 이걸 공부하면서 투구의 본질에 대해 다시 고민할 기회를 얻었다.

아직도 마운드 위에서 혼자 고민하는가? 그러면 잠깐 내려오는 게 좋다. 시야가 달라지면 생각이 달라진다. 포수의 공 배합, 타자의 스윙을 모른 채 마운드에서 공만 던지는 건 비효율적이다. 그리고 자신에게 무책임한 일이다. 혼자 있지 말고 동료들과 대화해야 한다.

(사진: ⓒ정시종)

진갑용 KIA 타이거즈
배터리 코치

진갑용 코치는 내가 삼성 라이온즈 감독일 때 주전 포수
였다. 내가 KIA 타이거즈 감독이 되어 만났을 땐 만만치 않
은 상대였다. 진갑용 코치는 선수 은퇴 후 일본 소프트뱅크
호크스로 연수를 떠났다. 지금은 KIA의 배터리 코치를 맡
고 있다.

– 포수의 공 배합 방식이 최근 어떻게 달라지고 있나요?

"지금과 비교할 수는 없지만, 제가 포수일 때도 데이터를 활용했습니다. 여기에 포수의 감感을 더했죠. 저는 타자의 스탠스를 보고 (어떤 공을 노리는지를 파악해) 공 배합을 바꾸는 경우가 많았습니다. 요즘에는 경기 전에 시나리오가 거의 정해져 있어요. KBO리그 포수 톱클래스 2~3명 정도만 순간적인 판단에 따라 전략을 바꿉니다."

– 과거와 비교하면 2021년 데이터는 얼마나 다른가요?

"시즌 초반에는 1년 전 타격 데이터를 기준으로 공 배합을 합니다. 투구 구종과 코스에 따른 강약점이 다 나와있거든요. 겨우내 타자가 타격 폼을 바꿨다면 지난 시즌 데이터의 정확성이 떨어지겠죠. 시즌 중반쯤 되면 타자에 대한 데이터가 업데이트됩니다. 그럼 그걸 따라야죠."

– 포수에게 가장 중요한 데이터 공부는 뭐라고 생각합니까?

"타자의 변화를 캐치하는 겁니다. 최근 타자들이 뜬공을 노리면서 어퍼컷 스윙을 많이 하잖아요. 그런 타자들이 점점 많아집니다. 이럴수록 하이 패스트볼이 효과적이에요."

– 저도 그렇게 생각합니다. 투수가 제구하기에도 하이 패스트볼이 쉽거든요. 낮은 패스트볼을 정확히 던질 확률이 40퍼센트 정도라면, 하이 패스트볼은 80퍼센트 이상입니다.

"요즘 투수들 제구력은 더 떨어졌습니다. 고무줄로 스트라이크 존을 만들어서 투수들의 제구력을 측정한 적이 있습니다. 사인대로 정확히 던질 확률은 40퍼센트 이하입니다."

– 그럴수록 하이 패스트볼 효과가 더 크겠네요.

"네. 투수와 포수가 하이 패스트볼을 과감하게 던지지 못하는 이유는 어려서부터 '높은 공은 타자 눈에 잘 보인다' '장타를 허용할 확률이 높다'는 말을 들어서일 겁니다. 그런 두려움을 극복하고, 가장 효과적인 공을 선택해야죠."

– 하이 패스트볼을 잘 활용하면 타자가 어퍼컷 스윙을 하기 부담스러울 텐데요.

"맞습니다. 한 시즌에 30홈런을 때리는 타자라면 어퍼컷 스윙이 효과적이겠죠. 하지만 장타자가 아니라면 무리하게 올려치는 건 오히려 손해라고 생각합니다."

– 저도 그래서 라인 드라이브 타구가 가장 좋다고 생각합니다.

"전적으로 동의합니다."

– 공 배합에서 가장 중요한 건 뭐라고 생각하나요?

"정확한 답이 될지 모르겠습니다만, 초구 스트라이크를 잡는 겁니다. 안타를 맞더라도 초구에 스트라이크를 던져야죠. 1~3선발급 투수라면 변화구로 카운트를 잡을 수 있습니다. 포수는 4~5선발 투수나 불펜 투수도 초구 스트라이크를 던지도록 리드해야죠. 그게 가장 중요합니다. 초구 스트라이크를 잡으면, 이후 승부는 투수에게 절대적으로 유리합니다."

– 피치 터널을 실전에서 얼마나 활용하나요?

"활용도가 매우 높습니다. 다른 구종을 터널링 하는 것도 좋지만, 전 같은 구종을 연속으로 던지는 게 효과적이라고 생각합니다. 선동열 감독님과 제가 배터리를 이룬다고 상상한 적이 있습니다. 저라면 감독님께 먼저 슬라이더로 스트라이크를 던지라고 요구하겠습니다. 2구째는 (오른손 타자) 바깥쪽 볼로 슬라이더를 던지라는 사인을 낼 겁니다. 감독님은 아래로 떨어지는 슬라이더와 옆으로 휘는 슬라이더를 다 던지셨으니 터널링 효과를 극대화할 수 있습니다."

- 한국 투수들의 패스트볼 스피드가 빨라지지 않은 이유는 뭘까요?

"저는 훈련 부족이라고 생각합니다. 제 아들도 야구를 하고 있습니다만, 중학생 때 기본기를 탄탄하게 만들어야 하거든요. 그 과정이 잘 이뤄지지 않는 것 같아요. 고등학교 진학 후 기본기를 다지려면 이미 늦습니다."

- 연수 과정에서 본 일본 포수들의 공 배합은 우리와 어떻게 다르던가요?

"일본 배터리의 공 배합은 아주 복잡합니다. 투수의 제구력이 뛰어나기 때문에 가능한 거겠죠. 일본 투수들의 폼은 굉장히 깔끔합니다. 아주 예쁜 폼인데, 타자가 타이밍을 잡기에 쉬운 면도 있습니다. 폼은 한국 투수들이 와일드한 편이죠. 그러나 제구력이 떨어지는 건 사실입니다."

- 진갑용 코치는 요즘 20대 선수들과 어떻게 소통하나요?

"선수 때 저는 후배들에게 꽤 어려운 선배였습니다. 이제 코치가 됐으니, 제 아들 또래의 선수들과 대화해야 합니다. 권위적으로 보이면 선수들이 거리를 둡니다. 그래서 제가 먼저 장난을 치면서 친구처럼 다가가고 있습니다. 그래야 선수들이 마음을 연다는 걸 알았습니다."

8th Inning

볼끝? 종속?
다 틀렸다

구창모는 볼끝이 좋은 게 아니다

KBO리그의 타고투저 현상이 계속되고 있지만, 그 정도는 완화하고 있다. 그런 가운데 눈에 띄는 젊은 투수들이 하나둘 등장하고 있다.

2020년 KBO리그에서 가장 뜨거운 투수는 NC 다이노스 왼손 투수 구창모였다. 전완근 염증으로 시즌 중 세 달을 쉬긴 했으나 정규시즌 93 1/3이닝을 던지며 9승 무패 1홀드, 평균자책점 1.74를 기록했다. 20대 에이스의 등장을 기대했던 KBO리그와 국가대표 대표팀에는 더없이 반가운 소식이다. 2016년 프로에 데뷔한 구창모는 원래 재능이 뛰어난 투수였다. 그는 24세 이하 선수들로 구성한 2017년 아시아프로야구챔피언십APBC 대표팀에 선발됐다. 당시 국가대표팀 감독이었던 나는 그의 피칭을 직접 볼 수 있었다. 그때도 구창모는 KBO리그 최고 수준의 구위를 갖고 있었다. 몇 년이 지나 구창모의 투구는 더 안정됐다. 여기에 자신감까지 붙으니 피칭 밸런스와 커맨드가 향상됐다.

2020년 구창모의 피칭은 정말 시원시원했다. 마치 내야수가 송구하는 것처럼, 그의 백스윙은 짧고 빨랐다. 게다가 뛰어난 디셉션 동작으로 타자가 공을 볼 시간을 최소화했다. 그리고 채찍으로 때리듯 공을 시원하게 뿌렸다. 구창모의 공은 홈플레이트를 통과할 때까지 살아 움직이는 것 같았다. 타자들은 히팅 타이밍을 잡지 못했다. 한 템포 빨리 스윙해서 공을 맞히려 해도 소용없었다. 타자들의 배트는 대부분 투구 궤적보다 밑에서 돌았다. 우리 세대는 이런 공을 보면 "볼 끝이 좋다"고 표현했다. 또는 "공의 종속終速(투구가 홈플레이트 근처에 이를 때의 속도)이 빠르다"고도 했다. 눈에 그렇게 보였기 때문이다. 그러나 이런 표현은 틀렸다는 걸 알게 됐다. '볼끝'이 좋다는 건 추상적인 표현이다. 또한 초속初速(공이 투수의 손을 떠날 때의 속도. 투수의 스피드는 보통 초속을 의미)과 종속의 차이는 과학적으로 크게 날 수 없다고 한다.

그렇다면 최근에 자주 쓰이는 "공의 회전이 좋다"는 표현은 어떨까? 볼끝이 좋다는 말보다 훨씬 세련되게 들린다. 투구의 회전이 구위와 직결된다는 가설을 우리는 별로 의심하지 않았다.

라이징 패스트볼은 없다

앨런 네이선Alan Nathan 미국 일리노이 대학교 물리학 교수는 2018년 하드볼타임스에 '공의 무브먼트와 회전 효율pitch movement, spin efficiency, and all that'이라는 글을 기고했다. 네이선 교수는 투구의 회전과 무브먼트Pitch movement를 오랫동안 연구해온 분이다. 최근 KBO리그에도 레이더 추적 장치인 트랙맨이 사용되고 있다. MLB만큼은 아니지만, 우리도 투구와 타구에 관해 세밀한 정보를 얻고 있다. 이 데이터를 분석하면서 선수와 지도자가 추구해야 할 지향점도 더 명확해졌다. 투수는 수직 무브먼트vertical movement를 이해하고 활용하는 게 중요하다.*

스포츠투아이에 따르면, 2020년 구창모의 포심 패스트볼 구속은 평균 143.1km였다. 최고 스피드는 150.4km. 3년 동안 그의 패스트볼 스피드에는 큰 변화가 없었다. 성적은 완전히 달라졌다. 2018년 133이닝을 던지며 5승 11패 평균자책점 5.35를 기록했던 구창모는 지난해 107이닝 동안 10승 3패 평균자책점 3.20을 올렸다. 그 탄력을 받아 2020년 리그를 대표하는 투수로 성장했다.

데이터는 구창모의 피칭을 과학적으로 이해하도록 도와준다. 이 데이터를 해석하는 게 나로서는 꽤 어렵다. 기록 업체마다 계산식도 다르다고 한다. 어렵고 복잡하다. 그래서 여전히 공부 중이다. 먼저

---

* 무브먼트

무브먼트는 '투구의 실제 움직임'과 '평균과의 차이'로 정의된다. 이는 수직 무브먼트(상하 무브먼트) 또는 수평 무브먼트(좌우 무브먼트)로 나뉜다. 스탯캐스트가 측정하는 무브먼트는 투구의 움직임에 중력값을 적용한다. 그래야 실제 타자가 느끼는 움직임을 알 수 있기 때문이다.

공이 날아가는 시간이 길면 중력의 영향을 더 받는다. 예를 들면 2019년 트레버 바우어의 커브는 63.6인치(161.5cm), 맥스 프리드Max Fried 의 커브는 69.6인치(176.8cm) 떨어졌다. 그러나 바우어의 커브는 평균보다 9.5인치(24.1cm), 프리드는 평균보다 7.7인치(19.56ccm) 더 떨어진 걸로 측정됐다. 그 이유는 바우어 커브는 평균 시속 79.1마일(127.3km)이었고, 프리드 커브는 평균 시속 74.5마일(119.9km)이었기 때문이다. 즉 프리드의 커브가 더 느렸기 때문에 중력의 영향을 많이 받아 더 떨어진 것이다. 구속이 빠르고, 같은 속도 커브의 평균 낙폭보다 더 떨어지는 바우어의 커브가 프리드의 커브보다 좋다고 볼 수 있다.

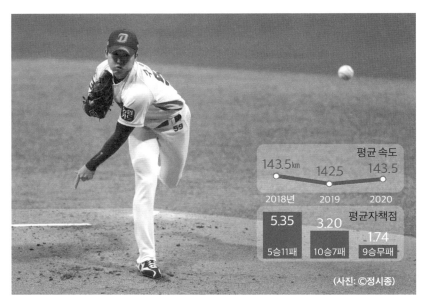

평균 속도
| 143.5㎞ | 142.5 | 143.5 |
| 2018년 | 2019 | 2020 |

평균자책점
| 5.35 | 3.20 | 1.74 |
| 5승11패 | 10승7패 | 9승무패 |

(사진: ⓒ정시종)

구창모의 패스트볼 평균 구속과 평균자책점 변화(자료: 스포츠투아이)

수직 무브먼트의 개념부터 이해할 필요가 있다. 이에 대한 물리학 논문이 많다. 특히 일본 와세다 대학교와 사이타마 대학교 교수 5명이 함께 쓴 〈야구공의 회전과 투수의 퍼포먼스〉를 많이 참조했다. 이 논문은 시속 144km의 패스트볼을 기준으로 여러 계산을 했다. 오버핸드 투수가 180cm 높이에서 회전 없이 던진 공은 17m쯤 비행해 홈플레이트, 즉 바닥에 처박힌다(빨간선). 물론 현실에는 회전 없는 공이 존재하지 않는다. 같은 조건에서 던진 공이 지표면과 수평 회전축으로 분당 4,200회전(rpm)을 한다면, 홈플레이트에 도착했을 때 1m 높이라고 한다. 투수가 던지는 패스트볼의 경우 보통 2,000~2,400rpm의 회전을 하기 때문에 4,200rpm의 공 역시 상상 속에나 존재하는 마구다. 현실적인 패스트볼 궤적은 검은선이다. 홈플레이트에서 빨간

선동열 야구학

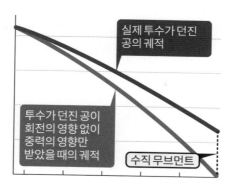

실제 투수가 던진
공의 궤적

투수가 던진 공이
회전의 영향 없이
중력의 영향만
받았을 때의 궤적

수직 무브먼트

중력, 회전 그리고 수직 무브먼트(자료: <야구공의 회전과 투수의 퍼포먼스>)

선과 검은선의 높이 차이를 수직 무브먼트vertical movement *라고 한다.

수직 무브먼트는 투수에게 매우 중요하다. 모든 투구는 중력의 영향을 받아 아래로 가라앉기 마련이다. 타자는 수많은 경험을 통해 패스트볼의 궤적을 기억하고 있다. 자신이 예상한 것보다 공이 '덜 떨어지면' 떠오른다고 느낀다. 한동안 많이 쓰인 라이징 패스트볼rising fastball이라는 표현은 멋지지만 비과학적이다. 오버핸드 투수가 던진 공은 중력을 거슬러 솟아오를 수 없다. 타자의 착각일 뿐이다. 트랙맨 데이터에 의하면, 구창모 패스트볼의 평균 수직 무브먼트는 2019년

---

* 수직 무브먼트

회전 없이 중력의 영향만 받고 날아간 가상의 공의 궤적과 실제로 투수가 던진 궤적의 높낮이 차이. 측정 방식에 따라 값이 다르기 때문에 비슷한 환경에서 동일한 시스템으로 계산한 수치를 비교해야 의미가 있다. 수직 무브먼트가 클수록 타자의 눈에 공이 덜 떨어지는(떠오르는) 것처럼 보이는 효과가 있다.

42.95cm였다. 이 정도면 KBO리그 최상위 레벨이라고 알고 있다. 2020년이 되자 45.56cm로 더 커졌다. 수직 무브먼트가 원래 컸던 공이 1년 전보다 2.61cm 덜 떨어지는 것이다.

야구공의 지름은 7.2cm다. 투구의 수직 변화가 2.61cm 증가했다면, 1년 전 정타가 될 타구가 뜬공 또는 파울이 될 가능성이 커진 것이다. 타자의 헛스윙은 더 잦아질 것이다. 작은 변화가 절대 아니다.

수직 무브먼트가 크다는 건 "볼끝이 좋다" "종속이 빠르다"는 옛말을 대체한다고 봐도 무방하다. 구창모 패스트볼의 위력은 수직 무브먼트로 상당 부분 설명할 수 있다. 무브먼트 값을 산정하는 방식은 리그는 물론 업체끼리도 다르다고 한다. 회전 측정법부터 같지 않고, MLB는 심지어 구장 환경, 기후, 타자의 체격 등도 계산식에 넣는다고 한다. 산정 방식이 다르니 KBO리그와 MLB 기록을 비교하는 건 무의미하다. 그러나 같은 업체가 측정한 선수의 수직 무브먼트의 변화를 비교하는 건 의미가 있다. 2.61cm의 차이는 구창모의 피칭을 업그레이드할 수 있는 상승폭이다.

데이터는 폼도 바꿀 수 있다

내가 선수로 뛸 때는 무브먼트에 대한 이해가 별로 없었다. 공은 최대한 낮게 던지고, 스트라이크존 좌우를 잘 공략하라고 배웠을 뿐이다. 1980~1990년대 투수들은 포심 패스트볼과 슬라이더를 주로 던졌다. 타자들은 다운컷 스윙을 많이 했다. 그래서 투수에게 높은 공은 위험하다고 생각했다. 그때는 맞는 이론이었다.

선수 시절 난 하체를 길게 뻗어 공을 던지는 스타일이었다. 요즘 표현을 빌려 쓰자면 익스텐션이 길었다. KBO리그 투수들의 익스텐션이 180~185cm라고 한다. MLB 평균은 192cm 정도다. 정확히 잰 건 아니지만, 젊은 시절 내 익스텐션은 2m 안팎이었다. 타자가 느끼는 구속은 실제보다 더 빨랐다고 한다. 투구의 비행거리가 짧았으니 피치 터널은 다른 투수보다 길었을 것이다. 그러나 그 자세와 전략을 끝까지 유지한 건 아니었다.

난 33세였던 1996년에 일본 주니치 드래건스에 입단했다. 당시에는 '노장'에 속하는 나이였다. 그러나 새로운 환경에서 새로운 야구를 경험하고 배우느라 신인이 된 것 같기도 했다. 기술적으로는 하이 패스트볼을 활용하게 된 것이 가장 큰 변화였다. 일본 투수들은 우리와 달리 스트라이크존의 높은 코스를 잘 활용했다. 내가 아는 야구와 가장 다른 점이었다. 머뭇거리던 나에게 야마모토 마사가 이런 말로 날 자극했다.

"선상宣さん은 공이 빠르고, 나보다 제구력도 좋잖아요? 그런데 왜 스트라이크를 던집니까? 스트라이크와 비슷한 볼을 던져 보세요."

내 제구가 야마모토보다 좋다는 건 그의 지나친 겸손이었다. 시속 130km대의 패스트볼로 50세까지 주니치(통산 219승)에서 활약했을 만큼 그는 아주 뛰어난 컨트롤을 갖고 있었다. 어쨌든 난 야마모토의 말에 용기를 얻어 피칭 레퍼토리를 바꿨다. 스트라이크존 좌우를 찌르는 피칭은 KBO리그에서부터 충분히 했다. 스트라이크와 비슷한 공을 던지려면 다른 일본 투수들처럼 스트라이크 상단을 공략하는 게 효과적이라고 판단했다.

난 초구부터 하이 패스트볼을 적극적으로 던졌다. 그땐 나이가 들어 유연성이 떨어지고, 익스텐션도 짧아진 터였다. 당시 내 밸런스는 하이 패스트볼을 던지기에 좋았다.

하이 패스트볼에 타자들은 대부분 방망이를 돌렸다. 내 공에 아직 힘이 있을 때였기에 파울이나 헛스윙이 나왔다. 게다가 하이 패스트볼은 제구가 상대적으로 쉬웠다. 그래서 초구 스트라이크를 잡는 경우가 많았다. 하이 패스트볼을 본 타자들의 뇌리에는 그 공의 궤적과 스피드가 남는다. 다음에 낮은 공을 던지면 타자가 제대로 대응하지 못했다. 덕분에 난 투구 수를 줄일 수 있었다. 그게 당시의 나에게 맞는 릴리스 포인트였고, 공 배합이었다.

내가 라이온즈 감독이었던 2006년 차우찬(현 LG 트윈스)이 입단했다. 왼손 투수인 그는 상당히 빠른 공을 던졌다. 그러나 스트라이드가 너무 컸다. 그 이유를 물어보니 차우찬은 학창 시절 익스텐션을 늘리는 게 무조건 좋다고 배웠다고 답했다. 당시 차우찬의 상하체는 밸런스가 깨져있었다. 신체 특성에 맞지 않게 스트라이드를 너무 넓힌 나머지, 팔 스윙이 매끄럽지 못했다. 그래서 오치아이 에이지 당시 투수코치와 상의해 그의 익스텐션을 20cm 정도 줄이기로 결정했다. 상당히 큰 변화를 차우찬은 잘 받아들였다. 스피드가 조금 감소했지만, 폼이 안정되면서 제구력이 향상됐다. 차우찬과 다른 경우가 조상우(키움 히어로즈)다. 몸이 크면서도 유연한 그는 긴 익스텐션을 활용해 체감 속도를 높이는 길을 선택했다. 조상우에게는 그게 적합하다.

2019년 구창모의 릴리스 포인트는 172cm 정도였다. 2020년에는 180cm 수준으로 높아졌다고 한다. 인위적으로 타점을 높인 게 아닐 것이다. 익스텐션을 5cm 정도 줄였기 때문에 더 높은 지점에서 릴리스가 이뤄진 결과다.

모든 자세의 변화는 하체로부터 시작한다. 구창모는 익스텐션 단축→릴리스 포인트 상향→수직 무브먼트 증가로 이어지는 변화를 택했다. 그리고 성공했다. 이런 피칭은 하이 패스트볼의 위력을 강화한다. 게다가 높은 코스의 공은 요즘 타자들이 장착한 어퍼컷 스윙을 이겨내는 데 효과적이다. 또 하이 패스트볼이라는 무기가 생기면 크게 떨어지는 변화구(커브나 포크볼)의 효용도 함께 커진다. 구창모의 포크볼 위력도 배가된 이유가 여기에 있다고 생각한다.

난 프로에서 10년 이상의 경력을 쌓은 뒤 동료의 조언을 듣고 피칭 전략을 바꿨다. 구창모는 나보다 열 살 젊은 나이에 새로운 피칭을 만들었다. 기술 발달로 인해 자신의 투구를 더 객관적이고 과학적으로 보게 된 덕분이다.

이게 피치 디자인이다. 과거의 데이터를 통해 현재의 나를 분석한다. 그리고 멋진 미래를 그려보는 것이다. 천편일률적인 자세와 반복 훈련을 강조했던 시대는 끝났다.

(사진: ©정시종)

이강철 KT 위즈 감독

나와 이강철 감독은 해태 타이거즈 선수 시절 7년 동안 룸 메이트였다. 전지훈련이나 원정 경기를 가면 한 방에서 지냈다. 오래전부터 그는 내가 가장 아끼는 후배였다. 지금은 내가 존경하는 감독 중 하나다.

막내 팀 KT 위즈가 2020년 플레이오프에 진출(정규시즌 2위)한 데에는 사령탑의 리더십이 크게 작용했다고 생각한다. 이강철 감독을 만나 빅데이터 활용에 대해 물었다.

– 위즈의 야구가 상당히 세련되고 정교해진 것 같습니다.

"감사합니다. 좋은 팀과 선수들을 만난 덕분입니다."

– 이강철 감독은 2005년까지 선수로 뛰었고, 여러 팀에서 코치를 경험했습니다. 그동안 KBO리그의 데이터 활용은 어떻게 바뀌었나요?

"타이거즈에서 뛸 때는 데이터에 대한 개념이 거의 없었습니다. 2000년 삼성 라이온즈로 이적해서 보니 전력 분석이라는 걸 하더군요. 선수단 모두가 경기 전 전력 분석 미팅에 참석했습니다. 상대 팀 데이터에 대한 브리핑을 듣는 것이죠. 다음날 선발 투수는 쉬는 게 아니라 상대할 팀의 경기를 지켜봤습니다. 미국에서 공부하신 김용희 감독님이 당시 라이온즈에 계셔서 그런 시스템이 있었던 것 같아요."

– 위즈는 어떤가요?

"저희 데이터팀도 강합니다. 코칭스태프 중에는 박승민 투수코치가 데이터 활용을 정말 잘해요. 특히 투구의 회전수와 회전축 분석이 탁월한 것 같아요. 데이터를 근거로 제게 직언을 많이 합니다. 그걸 받아들이느냐는 감독인 제 몫이죠. 박승민 코치는 선수들과도 데이터를 근거로 소통해요. 투구 폼 교정 같은 일은 제가 많이 합니다."

- 데이터로 소통하는 문화가 만들어졌군요.

"사실 코치가 선수에게 주는 메시지는 예전과 크게 다르지 않다고 저는 생각합니다. 예를 들어 투수에게 '팔 각도가 떨어졌다'고 조언하면, 안 믿는 경우가 대부분이었어요. 그런데 릴리스 포인트 데이터를 보여주면 선수가 납득합니다. 폼을 교정하거나 선수 보직을 바꿀 때 데이터가 근거가 되면 서로 편합니다."

- 데이터가 만능은 아닐 텐데요.

"물론입니다. 데이터는 과거의 기록이니까요. 특히 투수 교체는 데이터에 의존하면 안 된다고 생각합니다. 2020년 위즈의 포스트시즌 마지막 경기였던 플레이오프 4차전은 철저하게 데이터에 기반해서 마운드를 운영했습니다. 결과는 성공적이지 못했어요. 선동열 감독님, 2012년 9월에 서재응 선수를 기억하시죠?"

- (난 2012년에 KIA 타이거즈 감독을 맡고 있었다. 이강철 감독은 당시 타이거즈 투수코치로서 날 보좌했다.) 4경기 연속 완투 기록 말씀이군요.

"네. 그전까지 4경기 연속 완투는 KBO 역사상 네 차례밖에 안 나왔죠. 당시 타이거즈에서는 나오기 어려운 기록이라고 생각했습니다. 선발 투수 중 하나인 서재응이 6회까지 잘 던지더라도 7회만 되면 부진한 경우가 많았기 때문입니다."

– 이강철 감독은 당시 '점수 차가 크게 벌어졌을 때는 서재응을 7회까지 던지게 하자'고 여러 번 제게 말했죠.

"네. 그러면 서재응은 여지없이 실점했습니다. 데이터만 보면 서재응은 6회까지만 던져야 합니다. 그런데 몇 번 기회를 더 주었더니 결국 9월 23일 KBO리그 첫 완봉승을 따냈습니다. 이후 김진우, 윤석민, 헨리 소사Henry Sosa까지 연속으로 완투를 했습니다. 서재응은 그다음 등판인 9월 30일 또 완봉승을 기록했죠. 지금 우리 팀에도 그런 투수들이 있습니다. 지도자는 선수가 데이터를 뛰어넘는 걸 바랍니다."

– 정말 희한한 일입니다. 6이닝을 투구 수 70개 이하로 잘 막았던 투수가 7회만 되면 갑자기 무너지는 경우가 많으니까요.

"네. 투구 수와 비례해서 투수의 힘이 떨어지는 게 상식이죠. 대부분 그렇습니다만, 투구 수가 적더라도 이닝이 바뀌면 버거워하는 투수도 있습니다. 그걸 잘 읽어내야 합니다. 데이터에 갇혀서 선수의 성장이 더뎌지면 안 되죠."

- 이강철 감독은 40대 젊은 감독 이상으로 선수들과 잘 소통하는 것 같아요.

"제가 먼저 다가가 막내 선수들과 스스럼없이 농담합니다. 제가 바뀌지 않으면 선수도 바뀌지 않거든요. 선수 은퇴 후 미국 연수(미네소타 트윈스 마이너리그 코치)를 다녀온 영향이 컸습니다. 아마 KBO리그 10개 구단 중 위즈 선수단의 분위기가 가장 자율적일 거예요."

- '무서운 자율'을 강조하시더군요.

"네. 스스로에게 책임질 수 있다면 하고 싶은 대로 다 하라고 합니다. 특히 베테랑을 충분히 예우합니다. 30대 선수들은 당황하기도 하죠. '이렇게 편해도 되나'라면서요. 그런데 그 자유를 지키기 위해 자기 관리를 열심히 합니다."

- 선수들과 '단톡방'을 만드셨다고 하던데요.

"그건 제가 만든 게 아닙니다. 2020년 5월 팀이 부진했을 때 베테랑 선수 4명이 있는 단톡방에 초대됐어요. '힘내라'면서 절 위로하더군요. 좋은 일이 있을 때는 축하도 받고요. 어쩌다 보니 아직도 빠져나오지 못하고 있어요. 하하."

9th Inning

과학은 '공이 굵히는 날'을 만든다

무브먼트의 비밀을 찾아라

2020년 메이저리그는 LA 다저스의 월드시리즈 우승으로 끝났다. 나에게는 비교적 낯익은 다저스 선수들보다 탬파베이 레이스 선수들이 눈에 더 들어왔다. 특히 탬파베이 마무리로 활약하는 디에고 카스티요Diego Castillo의 피칭이 흥미로웠다. 카스티요는 시속 150km가 훌쩍 넘는 빠른 공을 던진다. 포심 패스트볼 비중은 매우 낮다. 그는 투심 패스트볼과 슬라이더로 '투 피치'를 구성한다. 투심 패스트볼의 스피드는 포심 패스트볼과 거의 같다. 스탯캐스트를 보면 카스티요의 패스트볼 스피드는 2020년 정규시즌에서 상위 12퍼센트(평균 시속 154.7km)에 해당했다. 그런데 포심 패스트볼 회전은 하위 4퍼센트(분당 1,876회)에 불과하다.

스피드는 빠른데 회전수가 많지 않은 공을 어떻게 표현해야 할까. 올드 보이들은 "볼끝이 나쁘다"거나 "종속이 느리다"고 할 것이다. 그 관념이 틀렸다는 걸 이제 알아야 한다. 그렇지 않다면 카스티요가 2020년 정규시즌 22경기에서 3승 무패 5홀드 4세이브, 평균자책점 1.66을 기록한 걸 납득하지 못할 것이다.

카스티요는 수직vertical 무브먼트보다 수평horizontal 무브먼트를 잘 활용하는 투수다. 포심 패스트볼 비중이 아주 낮은 그에게는 효과적인 피칭이다. 이 데이터는 그의 투구 폼과도 관계가 있다. 카스티요는 공을 위에서 아래로 내리찍는 전통적인 오버핸드 투수는 아니다. 쓰리쿼터three-quarter(3/4라는 뜻으로 머리 높이에서 공을 던지는 유형)와 사이드암스로side arm throw(릴리스 때 팔 각도가 지표면과 수평을 이루는 유형으로 수평 무브먼트를 극대화할 수 있다)가 묘하게 섞여있다.

오른손 투수인 카스티요는 오른손 타자 몸쪽으로 가라앉는 투심 패스트볼과 아래로 떨어지면서 바깥쪽으로 달아나는 슬라이더 조합을 이용한다. 강한 근력과 악력(쥐는 힘)을 갖고 있어서 가능하다. KBO리그에서 뛰는 외국인 투수 중에도 이런 유형이 많다. 이들은 포심 패스트볼 스피드와 거의 같은 변형 패스트볼(투심 패스트볼)을 던진다. 한국 투수들의 신체 조건으로는 이런 피칭 스타일을 만들기 어렵다. 그래도 주목할 점은 카스티요가 공을 '때리는' 동작이 매우 훌륭하다는 것이다. 투구 폼이 예쁘진 않지만, 힘을 모아 폭발하는 메커니즘을 잘 만들었다.

카스티요 외에도 탬파베이에는 인상적인 불펜 투수들이 꽤 있었다. 다들 투구 폼이 참 희한했다. 공의 좌우 움직임, 즉 수평 무브먼트를 활용하는 이들이 많았다. 탬파베이의 불펜 투수들은 공통적으로 폭발적인 릴리스를 보였다. 구단과 투수코치, 선수들이 공유하는 매뉴얼이 있을 것 같다. 카스티요 같은 투심 패스트볼을 던질 게 아니라면, 오버핸드 투수는 기본적으로 수직 무브먼트를 극대화하기 위해 노력해야 한다. 이를 위해서 가장 중요한 요소가 회전 효율spin efficiency이다.

회전을 이해하고 활용하라

물리학의 관점으로 피칭을 이해하는 것이 쉽지는 않다. 그래도 어느 정도 물리학 개념을 알아야 피칭에 응용할 수 있다.

투수가 던진 공은 중력의 영향을 받아 아래로 떨어진다. 인간이 중력을 통제할 수는 없다. 비행하는 공의 궤적을 바꾸는 또 다른 힘이 있다. 압력이 높은 쪽에서 낮은 쪽으로 휘어지는 공이 현상, 즉 마그누스 효과Magnus effect 다. 야구공에는 솔기가 있어 투수의 의도에 따라 회전을 줄 수 있다. 회전 변화가 변화구를 만드는 것이다. 따라서 투수들은 회전의 개념을 이해할 필요가 있다.

오버핸드 투수가 포심 패스트볼을 던지면 백스핀backspin 이 걸린다. 강한 백스핀은 중력의 영향을 받아 떨어지는 공의 낙폭을 줄여준다. 즉 예상한 것보다 공이 떠오르는 효과를 만들 수 있다. 백스핀의 반대가 톱스핀top spin 이다. 공에서 가장 높은 지점에 회전을 주기 때문에 이렇게 부르는 것 같다. 위에서 아래로 떨어지는 커브가 백스핀에 따라 움직인다. 백스핀과 톱스핀은 회전 방향이 다를 뿐, 회전축은 둘 다 지면과 수평을 이룬다. 톱스핀이 걸린 공은 가라앉는다. 여기에 중력의 힘까지 작용해 더 많이 떨어진다.

사이드 스핀은 회전축이 지면과 수직을 이룬다. 사이드암 투수가 던지는 공은 이 회전의 비중이 크다. 사이드 스핀에 따라 공은 좌우로 움직인다.

이 밖에 우리에게 생소한 자이로 스핀gyro spin 이라는 것도 있다. 투

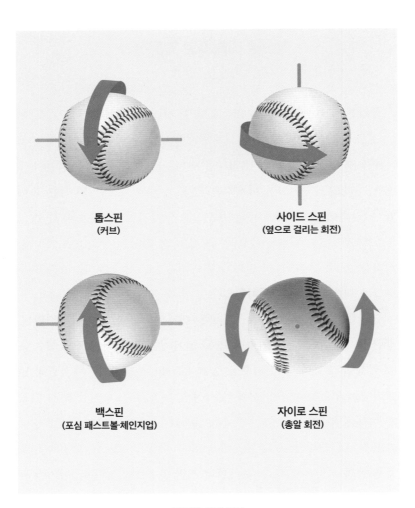

톱스핀
(커브)

사이드 스핀
(옆으로 걸리는 회전)

백스핀
(포심 패스트볼·체인지업)

자이로 스핀
(총알 회전)

투구의 회전 종류

구의 진행 방향과 회전축이 평행을 이루는 회전이다. 이는 총알이 날아가는 원리와 같다고 해서 라이플rifle(소총) 스핀이라고도 부른다.

축을 눕혀라. '회전 효율'을 높여라

공은 세 가지 회전이 작용해 변화한다. 회전의 종류와 원리를 이해하면 더 효과적인 공을 던질 수 있다. 피칭에 문제가 생겼을 때 회전을 점검해 원인을 파악할 수도 있다.

현대 야구는 레이더 기술을 통해 야구공의 회전을 추적한다. 회전수뿐 아니라 회전축까지 파악할 수 있다. 이를 통해 투구의 회전과 무브먼트의 상관관계를 알게 됐다. 앨런 네이선 미국 일리노이대 물리학 교수는 '회전이라고 해서 다 같지는 않다All spin is not alike'는 글을 지난 2015년 베이스볼 프로스펙터스에 기고했다. 네이선 교수는 포심 패스트볼이나 체인지업에는 자이로 스핀이 거의 없다는 사실을 밝혀냈다. 이 구종은 백스핀의 영향을 많이 받는다. 예를 들면, 투수 A가 던지는 커브의 회전이 투수 B의 것보다 많다. 그러나 투수 B의 회전 효율이 투수 A의 것보다 크기 때문에 커브의 변화폭이 더 크기도 하다. 투수 A의 공의 회전이 더 많아도 투수 B의 커브가 더 크게 떨어질 수 있다. 회전에도 '품질'이 있다는 뜻이다.

자이로 회전은 무브먼트에 영향을 미치지 않는다고 한다. 그렇다면 백스핀 또는 톱스핀 회전수가 중요한 걸까? 얼마 전만 해도 그게 정설로 받아들여졌다. 그러나 최근에는 회전수와 수직 무브먼트의 상관관계가 그리 크지 않다는 주장이 힘을 얻고 있다.

수직 무브먼트 크기와 포심 패스트볼의 위력이 비례한다는 사실을 앞서 소개한 바 있다. 포심 패스트볼의 회전축이 지면과 수평을 이룬 상태에서 강한 백스핀이 걸리면, 마그누스 효과를 극대화한다. 이것이 곧 회전 효율이다. 수평 무브먼트가 필요한 투심 패스트볼은 또 다르다. 회전축이 살짝 기울어져야 투심에 효과적인 궤적을 만들 수 있다. 이 경우에는 회전수가 적은 편이 좋다. 회전수가 적은 카스티요의 패스트볼이 위력적인 것은 이 때문이라고 이해할 수 있다.

최근 MLB에서 가장 주목받은 투수는 트레버 바우어*일 것이다. 단축시즌으로 치러진 2020년 정규시즌에 11차례 선발 등판한 그는 5승 4패, 평균자책점 1.73을 기록했다. 그해 겨울 내셔널리그 사이영상을 받았다. 바우어는 '세계에서 가장 비싼 투수'가 된 게릿 콜(뉴욕양키스)과 대학(UCLA) 동창이다. 아마추어 시절에는 콜보다 뛰어난 투수였다고 한다. 바우어는 다양한 주제에 대해 자기 생각을 당당히 밝히는 것으로 유명하다. 그의 독특한 말과 행동 때문에 주변 사람들은 그를 괴짜라고 부른다.

2020년 바우어의 포심 패스트볼 평균 속도는 시속 150km였다. 스피드만 보면 MLB 하위 23퍼센트였다. 그러나 그의 패스트볼 구종 가치$_{wFB}$**는 12.7로 2020년 규정 이닝을 채운 MLB 투수 중 3위(팬그래프닷컴 기준)였다.

선동열 야구학

*트레버 바우어

MLB 선수들은 대체로 개성이 강하고 자기표현이 뚜렷하다. 그중에서도 바우어는 괴짜로 유명하다. 바우어는 2018년 SNS(소셜네트워크서비스)를 통해 대학 동창인 게릿 콜을 저격했다. 콜이 피츠버그 파이리츠에서 휴스턴 애스트로스로 이적한 뒤 포심 패스트볼 회전수가 급격히 증가했다는 사실을 문제 삼은 것이다.

2017년 콜의 패스트볼 분당회전수rpm는 2,277이었다. 그러나 FA(자유계약선수) 계약을 앞둔 2019년 2,412까지 올랐다. 바우어는 "공의 회전수는 인위적으로 올라가지 않는다. 내 패스트볼은 2,250rpm인데 누구처럼 파인타르pine tar(송진)를 쓰면 400rpm을 더 올릴 수 있다"고 썼다. 파인타르는 마찰력을 높이기 위해 배트에 묻히는 물질이다. 투수는 로진백(송진가루)을 이용하지만, '이물질' 사용은 금지돼 있다. 파인타르는 '이물질'로 인식된다. MLB 투수들은 알게 모르게 파인타르를 사용하는 것으로 알려져 있다. 콜의 패스트볼 회전이 증가한 이유는 이 때문이라고 바우어는 확신하는 것 같다. 바우어는 올해 초 "MLB 투수들의 70퍼센트가 파인타르를 사용한다. 투수에게 이건 스테로이드를 복용하는 것보다 더 효과적"이라고 주장했다.

놀라운 건 그다음이다. 2019년까지 바우어의 포심 패스트볼 분당 회전수는 평균보다 조금 높은 2,300회 수준이었다. 물론 이 시기에도 바우어의 패스트볼은 뛰어났다. 그런데 FA가 되는 2020년 그의 포심 패스트볼 회전은 364rpm 증가했다. 2년 전 그가 파인타르를 사용해 늘릴 수 있다는 회전수(400rpm)와 비슷했다. 2020년 그의 포심 패스트볼 구속이 떨어졌지만, 구위는 향상된 이유는 이 때문으로 보인다.

바우어는 지난 2~3년 동안 투구 회전에 대해 많이 연구했다. 그가 정말 회전수 증가와 회전 효율 향상의 비밀을 밝혀낸 걸까. 아니면 그도 파인타르를 쓴 걸까. 남들도 다 쓴다는 파인타르를 바우어도 사용했다면, 비슷한 조건에서 그가 최고의 회전을 만들었다고 생각하면 되는 걸까.

2015년 바우어는 복싱 글러브를 끼고 더그아웃에 등장했다. 당시 소속팀 클리블랜드 인디언스와 상대팀 캔자스시티 로열스의 사이가 아주 안 좋을 때였다. 2016년 포스트시즌을 앞두고는 드론을 수리하다가 손가락을 다쳤다. 경기 출전이 미뤄지다 아메리칸리그 챔피언십시리즈ALCS 3차전에

(사진: AP=연합뉴스)

등판했지만, 손가락 출혈로 아웃카운트 2개만 잡고 마운드를 떠났다.

바우어는 학구적이며 도전적이지만, 괴팍한 성격 때문에 그를 불편해하는 동료들이 적지 않았다고 한다. 2019년에는 부진 끝에 교체되자 공을 외야 담장 밖으로 던져버리는 기행을 저질렀다. 당시 바우어는 테리 프랑코나 클리블랜드 감독에게 따끔하게 혼난 뒤 곧바로 신시내티 레즈로 트레이드 됐다. 2021년 2월 바우어는 LA 다저스와 3년 총액 1억 200만 달러에 계약했다. 총액은 앙숙 콜(9년 3억 2,400만 달러)이나 마이크 트라웃(12년 4억 2,650만 달러)보다 낮지만, 연봉은 MLB 사상 최초 4,000만 달러를 돌파했다.

바우어는 2021년 시범경기에서 김하성 등 샌디에이고 파드리스 타자를 상대할 때 오른쪽 눈을 감고 공을 던지기도 했다. 그는 "난 스스로 불편한 상황을 만들고 색다른 방법으로 이를 해결하는 걸 즐긴다. 한쪽 눈을 감고 던지다가 두 눈을 뜨고 던지면 상대적으로 편안해진다"고 했다. 하여간 독특한 선수다.

패스트볼 구종 가치

패스트볼을 던져 투수가 막은 실점. 0이 리그의 평균이고 양수면 평균 이상이다. 정확한 예측값이라고 보긴 어렵다고 하지만 투수의 구종별 가치를 매긴다는 의미가 있어 참고할 만하다. 바우어의 2020년 슬라이더 구종 가치는 7.6으로 전체 2위였다.

이유가 뭘까? 구종 가치는 스트라이크와 아웃을 많이 잡을수록 올라간다. 이를 위해 여러 요소가 필요하지만 MLB 전문가들은 그의 투구 회전에 주목한다.

스탯캐스트에 따르면, 2020년 바우어의 패스트볼 회전수는 분당 2,776회로 MLB 최고 수준이었다. 회전 효율도 상당히 좋다. 바우어의 포심 패스트볼은 그와 비슷한 구속, 릴리스, 익스텐션을 가진 다른 투수의 공보다 평균 9.9cm 덜 떨어지는(솟아오르는 것처럼 보이는) 것이다. 즉, 수직 무브먼트가 뛰어난 것이다. 이는 2020년 MLB 투수 중 1위였다.

바우어는 어릴 때부터 각종 투구 이론을 공부했다고 한다. 스스로

9.9cm 1위 트레버 바우어 (신시내티)
5승4패 1.73 평균자책점

9.1 2위 제임스 카린책 (클리블랜드)
1승2패 8홀드 1세이브 2.67

8.8 3위 워커 뷸러 (LA다저스)
1승무패 3.44

9.1 14위 클레이턴 커쇼 (LA다저스)
6승2패 2.16

5.3 40위 게릿 콜 (뉴욕양키스)
7승3패 2.84

* 무브먼트는 해당 투수의 공과 비슷한 구속(시속±3.2km)과 익스텐션, 릴리스 포인트를 가진 투수의 평균값과 비교해 덜 떨어지는 정도. 성적은 2020년 정규시즌

평균 대비 수직 무브먼트 상위 투수(자료: 팬그래프닷컴)

선동열 야구학

투구를 연구하고 개선하는 '피치 디자이너'다. 2018년에는 레이더와 슬로모션 데이터를 보고 슬라이더 회전축을 교정했다. 이후 그의 슬라이더 위력은 크게 향상됐다. 2020년 바우어의 슬라이더 구종 가치 wSL는 7.6으로 규정 이닝을 채운 MLB 투수 중 2위였다. 그는 2013년부터 겨울마다 사설 야구 연구소 드라이브라인으로 가서 전기자극 훈련을 한다. 또한 신체 곳곳에 센서를 붙여 투구 폼을 과학적으로 재해석한다. 그의 이런 연구 과정은 2019년 '스포츠일러스트레이티드' 기사로 소개된 바 있다.

평범한 체격(185cm · 90kg)에서 나오는 바우어의 패스트볼 스피드는 평균에도 미치지 못한다. 키 2m가 넘는 앤드류 밀러Andrew Miller(세인트루이스)는 "바우어는 놀란 라이언Nolan Ryan이 아니지만, 라이언처럼 던진다"고 했다. 유효 회전이 많은 패스트볼을 던지기 때문이다. 그의 비결이 궁금하다. 투구의 회전을 늘리려면 손과 공의 마찰력이 커야 할 것이다. 이는 공을 잡는 그립, 손아귀와 손가락 힘, 팔 각도arm slot, 릴리스 등으로 결정된다. 또 불필요한 회전을 줄이고, 회전축을 수평에 맞추면 회전 효율이 높아진다. 그러면 수직 무브먼트가 커질 것이다.

투수에게는 공이 유난히 잘 들어가는 날이 있다. 이를 "공이 손에서 긁히는 날"이라고 흔히 표현했다. 오래전부터 회전이 많은 공이 위력적이라는 걸 다들 경험으로 알았다. 스탯캐스트는 감이 아니라 데이터로 자신의 투구를 인식하고 분석하도록 만들었다. 과학적인 프로세스를 통해 결점을 찾고 보완할 수 있게 되자 '공이 손에 긁히는 날'을 기다리는 게 아니라, 바우어처럼 강하고 효과적인 회전을 만드는 게 가능해졌다.

회전수가 많고, 회전 효율이 높으려면 패스트볼 구위가 좋아야 한다. 이를 위해서 어깨와 팔꿈치가 직선을 만들고, 릴리스 때 손바닥 (회전축)이 지면과 수평을 이루면 된다. 회전축을 눕히는 것이다. 이론적으로는 어렵지 않다. 그러나 현실은 꼭 그렇지 않다. 회전이 덜 걸려서 오히려 위력적인 변화구도 있고, 카스티요처럼 패스트볼 계열의 공에는 수평 무브먼트가 효과적일 수 있다. 사람마다 뼈와 관절, 근육의 힘과 크기가 각자 다르고 걸음걸이도 제각각이다. 투수의 유형과 신체, 특성에 따라 최적의 폼은 다를 수밖에 없다. 그러나 분명한 건 기본을 알아야 한다는 점이다. 그래야 자신의 특성에 맞게 응용할 수 있다. 그래서 모든 선수가 공부해야 하고, 자신에게 가장 잘 맞는 무기(폼)를 찾아야 한다.

바우어가 자신의 피칭을 설명하는 'MLB 네트워크' 동영상을 봤다. 그는 "처음에 나도 허리 회전이 컸다big turn. 하지만 내 골반을 X-레이로 분석한 결과, 그건 내 몸에 맞지 않는다는 걸 알았다. 그래서 스트라이드에 가속을 붙였다"고 설명했다. 그는 또 "롱 토스(90m 이상의 긴 거리에서 공을 던지는 훈련)에서 익힌 대로 마운드에서 내려가며 (걷는 느낌으로) 강한 회전을 만들려고 한다"고 덧붙였다.

여기서 또 느낀 게 있다. 내가 좋은 밸런스를 찾기 위한 방법으로 권하는 스텝 앤드 스로와 바우어의 롱 토스는 개념이 다르지 않다는 것이다. 투구 각도와 회전이 중요하고, 이를 위해 다양한 연구가 이뤄지고 있다. 그래도 피칭은 안정된 하체 이동에서 얻는 추진력으로부터 시작한다.

데이터 자체가 미래는 아니다

MLB 포스트시즌 덕분에 2020년 가을이 풍성해졌다. 야구는 항상 재미있지만, MLB 연수를 가려다가 못 간 탓에 더 그랬던 것 같다.

LA 다저스가 승리한 월드시리즈 5차전. 데이브 로버츠Dave Roberts 다저스 감독은 6회초 2사에서 클레이튼 커쇼를 더스틴 메이로 교체했다. 커쇼는 마운드에서 한참 동안 뭔가를 이야기했다. 관중석에서는 로버츠 감독을 향한 야유가 터졌다. 커쇼의 투구 수는 85개에 불과했으니, 적어도 6이닝을 채우게 하라는 게 팬들의 요구였을 것이다. 그러나 로버츠 감독은 커쇼를 설득했다. 마운드를 내려오는 커쇼는 팬들로부터 박수를 받았다. 교체 결과는 성공이었다. 메이는 7회까지 탬파베이 레이스 타선을 잘 막았다. 로버츠 감독은 "경기 전부터 예정된 교체였다. (팬들의 반응에 따른) 감정 때문에 계획을 바꾸고 싶지 않았다"고 말했다. 원칙이 승리했다.

다저스는 지난 몇 년 동안 포스트시즌에서 '전력 이상의 힘'을 발휘하지 못했다. 투수 운용의 실패를 지적하는 사람들이 많았다. 다저스는 이를 바탕으로 실패를 반복하지 않는 매뉴얼을 만든 것 같다.

선수층이 두껍지 못한 레이스는 간간이 변칙을 썼다. 양키스와의 디비전시리즈 5차전 선발 투수는 타일러 글라스노우Tyler Glasnow 였다. 앞서 2차전에서 5이닝(4실점)을 던진 에이스에게 휴일을 이틀만 줬다. 글라스노우는 2 1/3이닝 2볼넷 2탈삼진 무실점을 기록한 뒤 교체됐다. 1번 타자부터 9번 타자까지 한 번씩만 상대한 것이다.

템파베이는 2018년 오프너opener* 전략을 MLB에 선보인 최초의 팀이다. 그런데 레이스는 디비전시리즈에서 에이스를 오프너처럼 쓰는 '변칙의 변칙'을 선보였다. 글라스노우의 에너지가 떨어질 때를 예측해 불펜을 가동했다. 디비전시리즈를 성공으로 이끈 전략이었다. 그러나 아메리칸리그 챔피언십과 월드시리즈에서는 잘 통하지 않았다. 2020년 월드시리즈 6차전 케빈 캐시Kevin Cash 레이스의 감독은 6회말, 한 점차 승부에서 에이스 블레이크 스넬Blake Snell을 교체했다. 하지만 후속 투수 앤더슨이 실점했고, 팀은 결국 1-3으로 패했다.

레이스는 결국 월드시리즈 6차전에서 패했다. 레이스가 1-0으로 앞선 6회말 1사 1루에서 케빈 캐시 감독이 호투했던 선발 투수 스넬을 교체한 걸 두고 현지에서도 말이 많은 모양이다. 5 1/3이닝 동안 73개를 던져 2피안타 무실점으로 호투한 투수를 너무 빨리 바꿨다는 것이다.

초등학교 때부터 27년 동안 투수를 했고, 이후 투수코치와 감독을 한 나에게도 가장, 여전히 어려운 건 투수 교체다. 마운드에서 혼

---

* 오프너
선발 투수starter가 모자랄 때 불펜 투수를 선발로 내보내 1~2이닝을 맡기는 전략. 불펜에서 가장 마지막에 나오는 마무리 투수closer와 반대라는 뜻으로 생긴 말이다. 레이스가 처음 사용해 MLB에서 유행했다. 선수층이 두껍지 않고, 재정이 넉넉하지 않은 팀은 (연봉이 비싼) 선발 투수를 영입하기 쉽지 않다. 오프너 전략은 불펜 활용도를 높여 한정된 예산을 효율적으로 쓰는 선택으로 주목받았다.

을 다해 던지는 투수를 언제, 누구와 바꾸느냐는 어렵고 외로운 결단이다. 고려해야 할 요소가 너무 많다. 투수의 구위와 멘탈을 살펴야 하고, 타자와의 상대성을 고려해야 한다. 주자 유무와 견제 능력도 참고해야 한다. 직전 경기와 다음 경기까지 계산할 필요가 있다. MLB 중계를 통해 모든 투수와 감독이 같은 고민을 하고 있는 걸 보니 웃음이 나오기도 한다. 그래도 한 가지 분명한 원칙은 투수 교체는 가급적 빨라야 한다는 점이다. 투수의 체력과 기술, 심리의 한계를 확인한 뒤에 바꾸면 너무 늦다. 데이터가 넘쳐나는 시대라도 투수 교체에는 직관이 어느 정도 필요한 이유다.

MLB는 팀마다 매뉴얼이 잘 정립돼 있다. 각종 데이터를 우리보다 잘 활용한다. 그래도 수없이 실패하고 갈등한다. 데이터는 과거의 기록이며, 야구는 결국 사람이 하기 때문이다. 내게 멀게만 느껴졌던 MLB도 우리 야구와의 공통점을 발견하면서 조금씩 친숙해졌다.

난 20년 넘게 야구를 가르쳤다. 선수들에게 지시했고, 팀을 관리했다. 공부를 하면 할수록 내가 야구를 잘 아는 것 같지 않았다. 그래서 이 책에 내가 새로 배우는 과정을 담았다. 야구는 지금도 변하고 있기 때문이다.

Extra Inning

빅데이터는
우리 모두의 것

천재가 아닌 집단지성의 시대

제임스 서로위키James Surowiecki가 쓴 《대중의 지혜》에 이런 내용이 있다. 1906년 영국 플리머스 장터에서 커다란 황소의 무게를 눈짐작으로 맞히는 대회가 열렸다. 이 대회에 800명이 참가했다. 통계학자 프랜시스 골턴Francis Galton이 참가자들이 예측해 써낸 무게의 평균을 내보니 547kg이었다. 이 황소의 무게를 재보니 543kg이었다. 예상치와 불과 4kg 차이. 오차가 1퍼센트도 나지 않았다. 전문가 한 사람보다 여러 사람 의견의 총합이 정확할 수 있다. 일종의 집단지성이다. 100여 년 전에도 그랬으니 정보화 시대에는 더할 것이다. 인터넷이 발달하면서 많은 사람이 지혜와 지식, 데이터를 공유하게 됐다는 이 내용은 메이저리그 피츠버그 파이리츠의 스토리를 담은 《빅데이터 베이스볼》에 소개됐다.

야구는 데이터에 기반한 종목이다. 야구가 태동한 19세기 말부터 세상 어느 스포츠보다 선수와 팀의 성과(기록)를 숫자로 정확하게 표현했다. 그래서 팬들은 야구를 눈으로 보는 동시에 기록으로 이해하는 데 익숙하다. 그라운드에서 직접 야구를 하는 선수와 코치, 감독은 '기록은 숫자일 뿐'이라고 생각해왔다. 기록은 지난 사건의 결과이며, 기록이 나오기까지의 과정이 중요하다고 생각했다. 기록보다 기세를 중시하는 이들도 있다. 20년 전에도 '데이터 야구'라는 말이 있었다. 예를 들면 스태프가 선수를 평가할 때 타율만 보는 게 아니라 이닝별 타율, 투수 유형별 타율 등을 고려하는 걸 당시에는 그렇게 불렀다.

2000년대 초 감독을 처음 맡았던 나도 데이터를 활용했다. 일본에서 선수로 뛰었던 1996~1999년에 경험한 치밀한 분석법도 도움이 됐다. 투수를 집요하게 연구하고 공략했던 일본 야구의 분석력과 눈썰미는 장인 정신에 바탕한 것이었다.

주니치 드래건스의 라이벌 요미우리 자이언츠와의 경기를 앞둔 상황을 떠올려봤다. 난 전력분석팀으로부터 상대 주전 타자는 물론 대타나 대수비로 나올 선수에 대한 자료를 받았다. 타자들의 장단점과 최근 일주일 동안의 타격 패턴을 분석한 것이었다. 거기에는 초구부터 결정구까지의 공 배합까지 거의 정해져 있었다. 상황에 따라 구종을 바꿀 때도 감독이나 투수코치가 (포수를 통해) 사인을 주는 경우가 대부분이었다.

난 분석의 대상이 되기도 했다. 일본 첫 시즌에 부진했던 이유 중 하나가 내 투구 버릇이 간파됐기 때문이었다. 투수는 세트포지션set position(주자가 있을 때의 투구 준비 동작) 때 양손을 배나 가슴 위에 올려놓고 투구를 준비한다. 상대는 나의 이 동작을 훔쳤다. 패스트볼을 던질 때와 변화구를 던질 때 나의 글러브 각도가 미세하게 다르다는 걸 파악한 것이다. 나 자신도 잘 몰랐던 부분이었다. 그래서 난 글러브를 먼저 배 위에 올린 뒤 오른손으로 그 안에 공을 집어넣는 동작으로 바꿨다. 그래도 상대가 알아챌까 봐 글러브 안에서 그립을 몇 번씩 다시 잡았다.

20세기의 분석은 이렇게 눈으로 하는 일이었다. 20세기의 데이터는 사칙 연산에 의해 숫자로 표현됐다. 20세기 말 등장한 세이버메트릭스는 야구를 조금씩 바꿨다. 처음에는 공학도 야구팬 사이에서 유행한 이 트렌드는 일반 야구팬, 그리고 프런트 오피스로 번져갔다. 세이버메트릭스가 그라운드까지 파고들기에는 시간이 더 필요했다. 거기에는 수많은 '야구 장인'이 있었기 때문이다. 복잡한 기록과 황당한 가설은 야구의 본질을 모르는, 그저 숫자놀음에 불과하다는 게 그들의 생각이었다. 나도 그랬다는 걸 부정하지 않겠다. 심지어 저울이 가리키는 황소의 무게보다 육질이나 마블링이 중요하다고 엉뚱한 주장을 하는 이들도 일부 있었다. 이런 고정관념을 먼저 깬 이들이 승리자가 되었다.

21세기의 분석은 과학의 몫이다. 거기서 나오는 빅데이터의 정보량은 인간이 감당하기 어려울 만큼 많다. 2014년 3월 MLBAM(MLB 어드밴스드 미디어)이 관계자들 앞에서 발표한 스탯캐스트는 충격적이었다. 이 시스템은 2013년 MLB 경기에서 애틀랜타 브레이브스 중견수 제이슨 헤이워드Jason Heyward가 좌중간 타구를 잡는 플레이를 마치 야구 게임의 한 장면처럼 분석했다. 헤이워드는 공이 방망이에 맞은 후 0.2초 만에 반응을 보였다. 타구를 향한 첫발, 즉 퍼스트 스텝first step이 빨랐다. 헤이워드는 최고 시속 30km로 달렸다. 그리고 초당 4.6m의 속도로 가속했다. 낙구 지점으로부터 24.65m 떨어진 곳에서 출발한 헤이웨드는 25.35m를 달렸다. 움직임의 효율성은 97퍼센트로 측정됐다.

이 공은 LA 다저스 타자 저스틴 터너가 때렸다. 타구는 시속 142km의 속도와 24.1도의 각도로 날아갔다. 타구가 공중에 뜬 시간은 4초. 맞는 순간에는 안타로 보였지만, 헤이워드의 효율적인 수비에 잡혔다. 4초짜리 플레이가 이렇게 방대하고 정확한 데이터로 표출

된다. 스탯캐스트는 초당 882프레임을 찍는 초고속카메라를 통해 그라운드의 모든 움직임을 분석한다. 그리고 데이터에 익숙하지 않은 이들마저도 한눈에 이해하도록 시각 자료로 보여준다. 이 데이터를 도저히 모른 척할 수 없다.

데이터 야구는 세이버메트리션의 전유물에서 프런트의 공유물이 됐다. MLB는 물론, 이제 KBO리그 구단들도 데이터 기반으로 운영하려고 노력 중이다. 빅데이터 시대에 그게 가장 합리적이고 효율적이기 때문이다. 정도와 방향의 차이만 조금 있을 뿐이다.

이제 '야구 장인'의 시대는 저물고 있다. 그들의 경험과 통찰을 무시하는 건 아니다. 방대하고 정확한 빅데이터를 활용해 야구를 보는 '눈'을 바꾸자는 것이다.

토머스 에디슨 같은 발명가는 이제 나오지 않는다. 대신 최첨단 장비와 최고의 인재가 모인 연구실에서 신기술이 쏟아지고 있다. 21세기의 혁신은 한 사람의 의지와 능력만으로 이뤄질 수 없다. 각 분야 전문가들의 협업으로 가능해진다. 야구는 원래 팀플레이였지만, 지금은 더욱 그렇다. 코칭스태프와 프런트, 그리고 선수들이 협력해야 목표를 이룰 수 있다. 서로를 잇는 매개체가 바로 데이터다. 최근의 빅데이터는 과거를 분석하고, 미래를 예측하고, 서로를 설득하는 가장 유용한 소통법이다.

데이터 야구는 프런트의 헤게모니라고 여겨지는 경향이 여전히 있다. 그러나 MLB는 물론 KBO리그 구성원들의 인식도 조금씩 달라지고 있는 추세다. 데이터의 신뢰성이 높아진 덕분에 감독과 코치는 이를 근거로 프런트와 소통하기 편해진 면도 있다. 또 선수들을 설득

할 때 시각 자료는 매우 편리한 수단이 된다.

이제 데이터 야구는 프런트의 것이 아니라, 구성원 모두의 것이다.

난 후배들을 잘못 가르쳤다

한국과 일본 야구를 꽤 오래 경험했다. 투수로, 프로야구 감독으로, 국가대표 코치와 감독으로 지낸 시절이 40여 년이다. 최근 MLB의 트렌드가 급격하게 바뀌는 걸 보고 깜짝 놀랐다. 내가 아는 야구가 변하는 것 같았다. 그래서 MLB의 코칭 방식, 그리고 MLB가 빅데이터를 활용하는 방법을 배우고 싶었다. 오랜 고정관념으로부터 벗어나기 위해서였다. 그 시작이 2020년 MLB 뉴욕 양키스로 지도자 연수를 떠나는 것이었다. 그러나 코로나19로 인해 미국에 가지 못했다. 대신 김식 〈일간스포츠〉 스포츠팀장을 비롯한 지인들과 스터디 그룹을 꾸려 '온택트ontact 연수'를 시작했다. 온라인을 통해 MLB를 공부했고, 오프라인에서 야구장 밖 사람들을 만났다. 이 과정에서 예전과 다른 시각으로 야구를 볼 수 있었다. 관념적으로 알았던 정보를 데이터를 통해 재해석할 수 있었다.

야구 룰은 100년 넘게 별로 달라지지 않았다. 투구의 본질, 타격의 기본도 마찬가지다. MLB의 트렌드를 연구하면 어김없이 그렉 매덕스와 테드 윌리엄스가 등장했다. 그러나 야구를 보는 시각과 방법은 몇 년 사이 급변했다는 걸 깨달았다. 새로운 용어와 데이터를 하나

배우면, 내가 모르고 있었던 것이 몇 개는 더 나왔다. 우리 젊은 선수들은 이미 데이터를 읽고 활용하는 데 익숙하다. 이들과 소통하려면 코치나 감독도 스탯캐스트에 대한 이해가 있어야 한다. 선수들이 많은 정보를 얻고 활용하도록 돕는 것도 야구 선배의 몫이다.

여러 기록과 인터뷰 자료를 보면서 가장 인상 깊었던 건 크리스티안 옐리치(밀워키 브루어스)의 말이었다. MLB에서 '플라이볼 혁명'이 유행할 때 그는 "난 의식적으로 발사각을 높이려 한 적이 없다. 다른 건 스윙 궤적이 아니라 사고방식이다. 발사각에 매달려 성공한 선수가 있고, 그렇지 않은 선수가 있을 뿐이다. 나는 그 가운데 있으려 한다"고 말했다. 그는 이 주제에 대해 몇 시간이고 말할 수 있다고 덧붙였다.

옐리치 말의 내용도 인상적이었지만, 서른 살도 되지 않은 선수가 자기 생각과 이론을 자신 있게 펼치는 게 놀라웠다. 우리 선수들의 말솜씨도 기성세대보다 좋아졌다. 더 많은 기회가 있다면 우리 선수들이 더 고민하고 공부하며 표현할 수 있을 거라고 생각한다. 선수들은 이미 그렇게 바뀌고 있다. 이제 선배들이 바뀌어야 그들과 같은 눈높이에서 소통할 수 있을 것이다.

1980~1990년대 프로야구에서는 조련이라는 말을 많이 썼다. 심지어 2000년대에도 '투수 조련' 같은 군대식 단어가 사용됐다. 이런 말이 오랫동안 쓰인 건 상명하복의 문화가 실재했기 때문이다. 요즘에는 육성이라는 말을 유행처럼 쓴다. 프로 선수들을 여전히 학생처럼 보는 시각이 담겨 있다. 물론 육성이 필요하지 않다는 건 아니다. 학생 야구 시스템이 부실하고, 프로 선수층마저 두껍지 못한 KBO리그

팀에서는 교육의 기능도 있어야 한다고 생각한다. 그러나 육성이 자연스러운 표현은 아닌 것 같다.

감독과 코치는 칭찬이라는 말도 자주 쓴다. "오늘 선발 투수를 칭찬하고 싶다"는 말이 어느 순간 내게는 어색하게 들렸다. 이 말에서도 상하관계가 느껴지기 때문이다. "어느 점이 좋았다" "이래서 고맙다"는 표현이 좋을 것 같다. 정말 중요한 건 선수들과 진심으로 소통하는 것이다. 그들을 당당한 프로 선수로 대하고, 그들의 얘기를 들을 준비가 됐는지 나 자신에게 묻게 된다. 선수들의 인생을 건 도전을 내가 선배로서 충분히 도왔는지 반성하게 된다.

야구를 공부할수록 느낀 건, 난 선수들을 잘못 가르쳤다는 점이다. 선수들에게 잘못된 정보를 줬다는 말이 아니다. 선수들의 눈높이로, 최신 이론과 데이터를 통해 선수들을 충분히 납득시켰느냐고 물으면 난 사실 할 말이 없다. 내가 투수코치와 감독을 할 때 선수들은 내 후배들이었다. 그들은 나와 비슷한 환경에서 같은 시대를 살았다. 선수생활을 몇 년 더 했고, 일본 야구까지 경험한 내가 뭐 하나라도 더 가르쳐주고 싶었다. 그러나 그 방법이 수직적인 관계에서 비롯됐다는 걸 부인할 수 없다. 선배들에게 배운 대로 후배들을 가르쳤다.

내가 그라운드를 떠난 지 몇 년이 흘렀다. 그사이 난 '각동님'으로 불렸다. 2012년 KBO리그로 온 박찬호에 대해 조언을 해달라는 기자들의 질문에 "팔 각도가 조금 벌어져 있더라"고 말한 게 화근이었다. 박찬호는 내가 늘 강조하는 하체 이동을 나무랄 데 없이 잘하고 있었다. 그래서 미시적인 부분을 말한 것인데, 아시아인 MLB 최다승 (124승) 투수 박찬호를 '감히' 가르치려 한다는 오해를 받았다. 또

2018년 국회 국정감사장에도 섰다. 아시안게임 대표선수들을 선발하는 과정에 부정이 있었다는 정치권의 의혹에 맞섰다. 내 억울함을 풀기는 했지만, 젊은 세대가 현실에서 느끼는 박탈감을 마주할 수 있었다.

그렇게 시간이 지났다. 지금 KBO리그에서 뛰고 있는 선수들은 내 아들뻘이다. 30대가 된 아들, 결혼한 딸이 있는 부모 입장에서 선수들을 보게 된다. 집에서 귀한 아들로 자랐을 요즘 선수들은 기성세대가 생각하는 것보다 훨씬 더 영리하고 똑똑하다. 정보를 접하고 해석하는 것에 익숙하고, 직관보다 데이터를 신뢰한다. 무엇보다 믿어주고 도와주면 기성세대가 걱정하는 것보다 훨씬 잘 해낸다. 지금까지 내가 후배들을 잘못 가르친 것이다. 그래서 공부해야 했다.

2020년 현장에서 한 걸음 떨어져서 야구를 봤다. 데이터 활용을 일상화한 MLB 내의 경쟁도 우리와 별로 다르지 않은 것 같았다. 특히 포스트시즌에서 투수 교체 타이밍을 놓고 논쟁이 끊이지 않았다. MLB는 최첨단 장비와 빅데이터로 움직이지만, 서로 비슷한 무기를 갖고 싸우기 때문이다. 어느 팀이 이를 잘 활용하느냐가 중요하다.

데이터는 과거의 기록이다. 역사는 반복된다. 때로는 새 역사가 만들어지기도 한다. 데이터를 통해 현실을 파악하고, 미래를 예측하는 건 결국 사람이다.

투수 교체가 성공할 수도 있고, 실패할 수도 있다. 몇 번의 성패로 야구는 끝나지 않는다. 기본을 잘 지키고 원칙을 따르면 결국 이길 수 있다. 그건 팀이 가지고 있는 시스템이자 매뉴얼이다. 가장 중요한 것은 상호 신뢰라고 생각한다. 작전은 실패할 수 있다. 그러나 구성원

사이에 배려와 믿음이 있다면, 작은 실패를 딛고 결국 성공할 것이다. 그게 승리로 가는 길, 팀과 리그의 가치를 높이는 길이라고 나는 생각한다.

'온택트 연수'를 통해 나는 빅데이터를 공부했다. 그럴수록 사람이 보였다. 사람과 소통해야 하는 이유를 깨달았다. 나는 야구를 떠나지 않을 것이기 때문에 야구 공부도 계속할 것이다.

다시는 선수들을 잘못 가르치지 않기 위해서다.

Cooling down

'Team SUN'에게
전하는 감사

언제나처럼 내겐,
동료가 있다

2018년 야구 국가대표 감독직에서 스스로 물러난 뒤 나에게는 소속팀이 없었다. 광주 송정초등학교부터 무등중, 광주일고, 고려대, 해태 타이거즈, 주니치 드래건스, 삼성 라이온즈, KIA 타이거즈, 그리고 국가대표팀까지…. 내게는 늘 팀이 있었는데 말이다. 지난 50년 동안 난 언제나 팀의 구성원이었다. 그렇기에 내가 선수와 감독으로서 이룬 것들은, 나만의 성취가 아니다. 항상 동료들의 도움을 받았다.

생각해 보니 지금도 동료들이 있다. 같은 유니폼을 입지 않았을 뿐 나와 항상 함께하는 분들이다. 2020년 이들과 야구 스터디 그룹을 만들어 'Team SUN'을 결성했다. 여기서 연구한 내용이 '선동열 야구학'의 뿌리가 되었다. 여기가 현재 내 소속팀이다.

이 책을 쓰기까지 김식 〈일간스포츠〉 스포츠팀장이 참 수고했다. 그는 20년 동안 야구를 취재한 베테랑답게 뛰어난 지식과 식견으로 이 콘텐츠를 기획했다. 내 손이 닿지 않는 부분을 취재해줬고, 내 거친 원고를 멋지게 정리했다. 사진 작업을 도와준 정시종 〈일간스포츠〉 부국장께도 감사를 전한다. 난 사진 촬영을 별로 좋아하지 않지만, 오랜 친구인 그가 찍어준다면 제법 멋지게 나온다.

오랜 벗 최윤 OK금융그룹 회장도 물심양면으로 내 공부를 도와주었다. 외부 전문가들의 강의를 들을 때는 OK금융그룹 배구단 멤

버들도 함께했다. 전문가 섭외와 각종 계약을 도와준 캐슬린 김 변호사에 대한 인사도 빼놓을 수 없다. 출판을 제의해준 김병준 생각의힘 대표께도 감사드린다.

선배인 김장호 협진기계 대표, 친구인 윤세원 에이치제이 대표와 박명성 신시컴퍼니 대표에게도 존경을 전한다. 이들은 그라운드 밖에도 팀 동료가 있다는 걸 느끼게 해줬다.

무엇보다 'Team SUN'의 핵심 구성원은 가족이다. 한결같이 응원해주는 아내 김현미는 내 인생 최고의 동반자다. 아들 민우와 딸 민정, 그리고 사위 양시영에게 사랑한다는 말을 꼭 전하고 싶다.

─선동열

야구 기자에게도
최고의 수업

'선동열 야구학'의 시작은 2019년 7월 11일이었다. 선동열 전 국가 대표 감독이 메이저리그 연수 계획을 밝히는 기자회견에 내가 참석한 날이다. 그는 소년처럼 들떠 있었다. 선수로 밟지 못했던 미국 무대를 늦게나마 경험할 거라는 기대로 가득했다. 당시 난 "연수 가서는 모든 자료를 보관하시라. 감독님이 공부하는 과정이 한국 야구의 소중한 기록으로 남을 것"이라고 말했다.

그러나 코로나19로 인해 출국 길이 막혔다. 선동열 전 감독과 나는 '온택트Ontact 연수'를 시작했다. 빅데이터 전문가, 세이버메트리션, 통계학 교수, 커뮤니케이션 전문가, 재활의학 및 스포츠의학 전문의, 트레이너, 메이저리그 스카우트와 마케터 등 각계 전문가들로부터 강의를 들었다. 이 자료를 바탕으로 토론할 기회도 있었다.

이 모든 과정은 야구기자가 얻을 수 있는 최고의 경험이었다. 선동열 전 감독, 그리고 'Team SUN'이 아니라면 불가능한 일이었다.

나와 선동열 전 감독의 연구를 지면에 연재하도록 배려하고, '선동열 야구학'이라는 멋진 제목을 지어준 김성원 〈일간스포츠〉 편집국장께 감사드린다. 이형석 배중현 안희수 등 후배 기자들도 취재를 도와줬다. 책을 편집하면서 선동열 전 감독의 팬이 됐다는 생각의힘 김서영 씨의 열정에 감탄했다. 고급 야구팬이 아니라면 어려울 수 있는 내용의 가독성을 높여준 노고에 감사한다.

몇 달 동안 자료 찾고, 원고 정리하느라 주말과 휴가를 다 썼다. 그런데도 언제나 지지해준 아내 홍지은에게 항상 빚진 마음이다. 사랑하는 딸 민설이가 훗날 이 책을 읽고 야구팬이 되는 모습도 상상해봤다.

ㅡ 김식

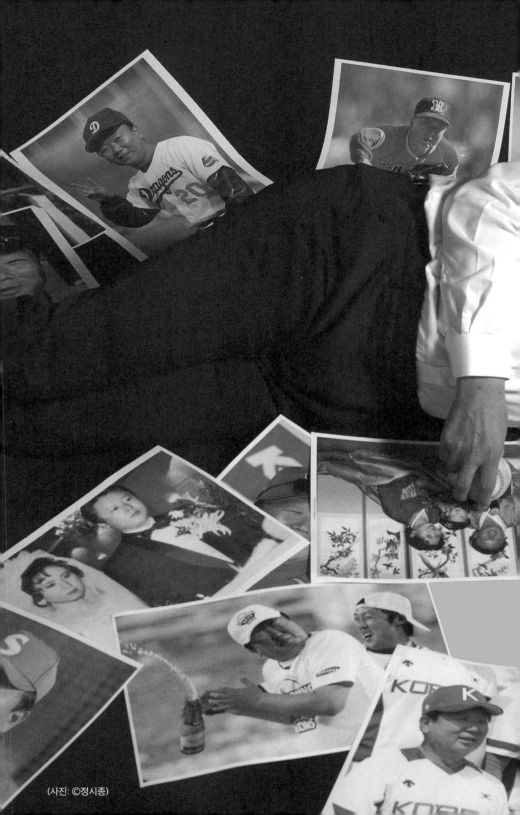

(사진: ©정시종)

정리 | 김식

2001년 스포츠전문지 <굿데이>에서 야구를 취재하기 시작했다. 2005년 중앙일보 그룹에 입사해 <일간스포츠>와 <중앙일보>에서 야구기자로 일하고 있다. 2014년부터 6년간 <중앙일보>에 스포츠 칼럼 '김식의 야구노트'를 연재했고, 2020년부터는 <일간스포츠>에 '김식의 엔드게임'을 쓰고 있다.

20년 동안 프로야구 현장을 지키며 한국체육기자연맹이 선정하는 체육기자상 기획 부문 2회, 보도 부문 1회 수상했다. 2021년에는 제13회 소강체육대상 언론인상을 받았다. 《이기는 법》《나의 미러클 두산》《10년을 기다린 LG트윈스 스토리》(공저) 등 야구와 관련한 책 여러 권을 저술했다.

선동열 야구학
20세기 직감이 21세기 과학과 만났다

1판 1쇄 펴냄 | 2021년 6월 25일
1판 5쇄 펴냄 | 2023년 5월 25일

지은이 | 선동열
정   리 | 김식
발행인 | 김병준
편   집 | 김서영
디자인 | 최초아
마케팅 | 김유정 · 차현지
발행처 | 생각의힘

등록 | 2011. 10. 27. 제406-2011-000127호
주소 | 서울시 마포구 독막로6길 11, 우대빌딩 2, 3층
전화 | 02-6925-4185(편집), 02-6925-4188(영업)
팩스 | 02-6925-4182
전자우편 | tpbook1@tpbook.co.kr
홈페이지 | www.tpbook.co.kr

ISBN 979-11-90955-17-1 03690